跟我学论语500句

邹进　译注

百花洲文艺出版社
BAIHUAZHOU LITERATURE AND ART PRESS

图书在版编目（CIP）数据

跟我学论语500句 / 邹进译注. –– 南昌：百花洲文
艺出版社, 2023.8
ISBN 978-7-5500-5218-5

Ⅰ.①跟… Ⅱ.①邹… Ⅲ.①《论语》– 通俗读物
Ⅳ.①B222.2–49

中国国家版本馆CIP数据核字（2023）第123796号

跟我学论语500句
GEN WO XUE LUNYU 500 JU

邹进　译注

出 版 人	陈　波	
责任编辑	刘 云 曲 直	
书籍设计	杨西霞	
制　作	杨西霞	
出版发行	百花洲文艺出版社	
社　址	南昌市红谷滩区世贸路898号博能中心一期A座20楼	
邮　编	330038	
经　销	全国新华书店	
印　刷	文畅阁印刷有限公司	
开　本	880mm×1230mm　1/32　印张　19.25	
版　次	2023年8月第1版	
印　次	2023年8月第1次印刷	
字　数	300千字	
书　号	ISBN 978-7-5500-5218-5	
定　价	139.00元	

赣版权登字　05-2023-173

邮购联系　0791-86894736
网　址　http://www.bhzwy.com
图书若有印装错误，影响阅读，可向承印厂联系调换。

序一

从一则故事讲起。说是晋国的公子晋重耳，在晋国的内乱中逃了出来，在各国之间流浪了十九年。到了秦国，秦国国君秦任好宴请进重耳。重耳希望秦任好能够帮助他回国即位。宴会上，重耳要表现出对秦任好的臣服，就要说几句恭维的话，但又不能说得太白、太俗。重耳是怎么说的呢？重耳吟了一首诗，其中有两句是："沔彼流水，朝宗于海。"这首诗叫《沔水》，出自《诗经·小雅》，重耳把自己比成沔水，把秦任好比作大海，意思是自己投奔秦任好，就像河流奔海一样。奉承到这个水平，可谓至极。当时的秦任好对重耳也是有想法的，秦、晋是相邻的两个大国，一直龃龉不断，如果重耳上台，秦国就能得到一个亲秦的晋国，这对秦国的国家安全是有好处的。所以，秦任好私下已经准备送重耳回国继位。秦任好没有直接回复重耳，也吟了一首诗，其中的两句是："王于出征，以佐天子。"这首诗叫《六月》，也出自《诗经·小雅》，就是说，周天子出征，我在一旁辅佐。当时的晋重耳，已经在外流亡十九年，在各国被人收留，他有什么资格辅佐天子出征呢？秦任好吟《六月》，言下之意，寡人会支持你做晋国的国君，这样你才有机会辅佐天子，征伐四方。一拍一合，拍子合在了节奏上。重耳的随从赵衰，马上示意重耳，赶快磕头谢恩。重耳一个头磕下去，第二年，秦任好就派兵护送重耳回晋国抢夺了王位，后世称晋文公，春秋五霸之一。

这就是诗言志。诗言志，不是说创作诗歌的作者抒发个人的情感，表达个人的心意，而是说，吟诗的人以诗言志，用诗这种形式，含蓄地表达自己的想法。可是，如果没有记住这些诗，不能信手拈来，就没法用诗阐述自己的志向。

《论语》里也有一个故事。有一天孔子在院子里站着，他的儿子孔鲤从院子里过去。虽说父亲"威而不猛"，但也"温而厉"，就想溜过去。孔子说："给我站住。"孔鲤就站住了。孔子问："学诗了没有？"孔鲤只好说没有。孔子说："不学诗，无以言。"孔鲤就不情愿地回屋里学诗。这句话直译是，你如果不学诗，就没有办法说话了。实际不是这个意思。"无以言"，是说无以与"谁"言，是说无以与贵族言，无以与君子言。

现在说到了正题，不读《论语》，何以为君子？不读《论语》，何以与君子言？

了解一本书的意义，要看他写给谁，跟谁说话。同样是儒学宗师，孔子和孟子说话的对象就不一样。孟子的对象大都是国君，像梁惠王、齐宣王；孔子的对象大都是他的弟子，如"孔门十哲"。孟子一生在对话，找那些当权者对话，要做他们的国家顾问，首席智囊；孔子一生在讲学，"抑为之不厌，诲人不倦"。孟子要培训的是优秀的国家治理者，孔子要培养的是有道德学问的君子。

　　那么，在孔子那里，君子是什么样子的呢？就是"内省不疚"的，表现为"何忧何惧"的那样一种人。怎样才能做到呢？一部《论语》，就是一个君子养成计划，有核心，有路径，有实践，有例证。孔子心中的君子，"可谓至德也已矣"，不仅"尽美"，还要"尽善"，所以孔子说"若圣与仁，则吾岂敢"，他说他也做不到。但"君子而不仁者有矣夫"，所以要对他们进行培养。孔子对普通人要求并不高，还"虑以下人"，设身处地地为他们着想，"小人喻于利"，"小人下达"，"不可大受而可小知"，也就可以了；但对君子要求特别高，《论语》通篇都是在责备贤者。孔子眼里，除了颜回没有别人，不是"无所取裁"，就是"过犹不及"。

　　"君子养成计划"有一个核心，也是《论语》的核心，这个核心就是"仁"。就是这个"仁"，让我在翻译的时候非常犯难。现代汉语很少用单音节词，但给"仁"组成双音节词，怎么都感觉不对，不管是"仁德""仁义""仁道""仁爱"，都觉得不是那个"仁"。谁也说不清"仁"是什么。"瞻之在前，忽焉在后"。后来我想清楚了，"仁"是绝对理念，是至高无上的存在。在西方人看来，中国人没有哲学，没有追究一切存在的最终本性。哲学分为两个范畴，形而上的本体论，和形而下的认识论。在形而上的方面，"仁"到底是什么，似乎"不可得而闻也"。但在形而下的方面，形而下人生之上的一切运用，论语都说清楚了。《论语》是一部人生哲学著作，儒家思想的"仁"，就是本体。

如果还太抽象的话，那我就把"仁"等同于"良知"。良知是心中的上帝。"吾日三省吾身"，就是祷告；"见其过而内自讼者"，就是忏悔；"克己"，就是禁欲。中国人没有原罪，自然就不需要赎罪，崇德、修慝、辨惑；克服妄念，走上直道，得到正欲；自我诚敬，至心朝礼；既能独善其身，又能相善其群。

这个"良知"，就是中国人的信仰。它是像神一样的存在，它是昔在今在永在的，它是唯一圣洁而慈爱的。没有偶像可以代表它，它也不限于某时某地，但它是善恶的标准，永恒的真理，"一以贯之"，是真实地存在的。只要我们谦卑而恭敬，诚实而无畏，就可以得到神启，改过而迁善。信仰不仅是理念，信仰需要行动，需要通过实践得到验证。做君子很难吗？正面的标准是严苛的，或者说是不易量化的，没有最好，只有更好。但从反面把握就容易得多，就是凡小人所为，我都不为。我在长春上学，东北有句话"去了弯儿溜直"，就是说去掉不好的，都是好的。《论语》中有很多"君子""小人"的对语，都是互文见意，看似各说两件事，实则相互阐发，相互补充，说的就是一件事，怎样才能成为君子。只要不为小人之为，就是君子，这是做到君子的简易方法。

绝对的理念，因为纯粹，让人不疑；因为高大，则需要仰望。如果从来没有把"良知"作为信仰，是人生的缺憾。信仰是社会最底层的基石，有了信仰，才有道德，才有法律。孔子从不谈法律，法律是道德的底线，法律要吻合信仰，有良知的人不会犯法，"必也使无讼乎"。有信仰的人，心中有良知，时时反省自己，反复质疑自己，尤其喜欢自嘲。当我们有了良知，信仰就会坚定，"杀身以成仁"，也不会畏惧。有信仰和没信仰的人，是看得出来的，他们说话是两种语言。有信仰的人讲话，爱而坚定；没有信仰的人讲话，恐惧而疑虑。这是哪个名人说过的话，说得何等之好！用孔子的话说就是："君子坦荡荡，小人长戚戚。"

序二

　　这个译注本，是一个不能再简的简明本，全书包括原文在内不过 10 万字。"居简而行简，无乃大简乎？"那可不是，译者希望以简明的风格亲近读者。虽只有 10 万字，却是一个完整的版本，20 篇 500 句，逐句译注。之所以简明，本书省略了史实的考证，文字的训诂，没有记述，不做点评，就像翻译外国文学作品，非必要不注，确有必要的，就注在页脚。译者时时告诫自己，不要参与太多，更不要自作聪明，相信读者的眼睛是雪亮的。这个译本，尽可能地省略掉多余的话，但简而非简，虽简不失，"辞达而已矣"。

　　《论语》里的语言，算是当时文人圈子里的大白话，比起老子、庄子，再通俗不过了，流传了两千多年，到今天反倒成了雅言。之所以有读者不懂的地方，有难解章句，无非三个原因，一是古文和今文的异同，这个需要通过注释解决。我参考的都是今人的注释，没有参考古人和近人的，不想在这上面花费太多时间，相信前人的成果都已包含在今人的本子里了。也是自己觉得《论语》并不难读，就不用言必称朱熹了。难解的第二个原因，是理解论语的前提是知道孔子说这句话的语境，若缺乏语境，则今人的理解未必与孔子的本意相合，或是常对文本的归纳逻辑产生疑问。如果重新编辑一下，讲仁的归到仁，讲孝的归到孝，"子曰"作内篇，"弟子曰"做外篇，"然后乐正，雅颂各得其所"，一点都不难。但西汉以后，《论语》成了经典，谁也不能动了，造成今天的局面。有的章句，明明说的是两件事，后人还要往一起解释，找前后句的逻辑关系。难解的第三个原因是阙文，"史之阙文，而后人可以意推者也"。有的是缺字，有的是缺句子，有的是缺事件的背景。缺字句还好说，有的章句，如果没有背景，或是不知所云，或是翻译过来，特别没有意思。各译本莫衷一是，有的猜得对，有的猜得不对。

下面做一个译注本的阅读提示。

书名。参照"英语900句"起的书名，意为学《论语》也应该像学英语一样，把一些经典的语句像英语的句式一样背下来。

标题和目录。《论语》共20章，多少句都不一定，有492句，有512句，也有608句，本书取500句，并以此为书名。《论语》

每一章都有标题，但每一句没有标题，本书给每一句都创设了标题，跟各章一样，以每句的首句，或第一句中可辨识内容的句子做标题，并以此生成目录。本书以500句作为章句顺序，同时也保留了原文的数字标引。

版式。每一句单独起页，不连排，就像诗歌一样，再短的诗篇也是独立成篇的。本书把《论语》定义为章句，章句是指诗文的章节和语句，也是古人解释经义的一种方式。很多注本把《论语》定义为篇章，我觉得有点虚夸了，所以不取。如果每一句都是一个章节，那不更应该单独起始了吗。

专名号和书名号。本书原文采用竖排文稿的竖线专名号和波浪线书名号，标记在专名和书名的下方。古文中人名、地名和书名，很容易跟正文内容混同，有时不易分辨，采用这种标识，便于读者辨析。

译文。多数译本都是先注后译，本书按照阅读次序，将译文排在注释之前，意思是，原文明白，不用读译文；译文明白，不用看注释。

注释。只注字句，不注文意。《论语》既然是春秋那个时代的白话，就不用把它想得太玄，也没有什么微言大义，所谓微言大义，都是杜撰出来的。通假还好，训诂就没谱了，能把北训成南。绝大多数情况，词意就是文意，不要被文字所骗。比如"因不失其亲", 如果"因"是"姻"的省借字，文意就完全不同了，那就涉及到了周代的宗法制度，这意思就大了许多，可不是微言"大"义了吗？而句中的意思可能就是字面的意思，如果有亲人的依靠，也就可以倚赖了。

顺义。是译者自创的一个注释。顺义不求顺成正义，只求文意顺畅。有的难解之句，不做强解，毋必毋固，译者会从上下文意顺通的角度，采用或自译一种，并加以解释。对同样也能圆说的译法，也会介绍给读者。

参见。即完全重出的句子，或相互包含的句子，以此条目加以提示。《论语》500句，此类情况甚多，不知是为了引用，还是因为逻辑关系而嵌入。南怀瑾所说《论语》各句皆是有意安排，或递进，或反复，或揭示前文，或为后文铺垫，译者不才，实在是看不出来。虽是大家，也不敢"从大夫之后"。

开本和装帧。我希望本书开本采用正度32开，即小32开。不用大32开，更不用16开。精装，最好用布面精装。因为《论语》是"经"，宁可一日不用，不可一日不备，"君子无终食之间违仁"，所以需要便携，耐用，恭敬。开本小即便携，精装即耐用，用材讲究以示恭敬。

第一稿写完后，我发了一个朋友圈，众多好友点赞。百花洲文艺出版社吉炜副社长留言，邀请我在他们社出版，我就无须再选择了，在此表示感谢。

我写作的同时，爱人诸菁一边录入一边跟新冠做斗争，我感觉她前后得了两次新冠。从写作第一天开始到今天，五稿五校，仅仅用时 85 天，这是什么速度啊？这不是"方舱"速度吗？

目 录

学而第一

1. 学而时习之...3

2. 其为人也孝弟...4

3. 巧言令色...5

4. 吾日三省吾身...6

5. 道千乘之国...7

6. 入则孝，出则弟...8

7. 贤贤易色...9

8. 君子不重，则不威...10

9. 慎终，追远...11

10. 夫子至于是邦也...12

11. 父在，观其志...13

12. 礼之用，和为贵...14

13. 信近于义...15

14. 君子食无求饱...16

15. 贫而无谄，富而无骄...17

16. 不患人之不己知...18

为政第二

17. 为政以德...21

18. 诗三百，一言以蔽之...22

19. 道之以政...23

20. 吾十有五而志于学...24

21. 孟懿子问孝...25

22. 孟武伯问孝...26

23. 子游问孝 27

24. 子夏问孝 28

25. 吾与回言终日 29

26. 视其所以 30

27. 温故而知新 31

28. 君子不器 32

29. 子贡问君子 33

30. 君子周而不比 34

31. 学而不思则罔 35

32. 攻乎异端 36

33. 诲女知之乎 37

34. 子张学干禄 38

35. 何为则民服 39

36. 使民敬、忠以劝 40

37. 子奚不为政 41

38. 人而无信 42

39. 十世可知也 43

40. 非其鬼而祭之 44

八佾第三

41. 八佾舞于庭 47

42. 三家者以雍彻 48

43. 人而不仁 49

44. 林放问礼之本 50

45. 夷狄之有君 51

46. 季氏旅于泰山 52

47. 君子无所争 53

48. 巧笑倩兮 54

49. 夏礼，吾能言之 55

50. 禘自既灌而往者 56

51. 或问禘之说 57

52. 祭如在 58

53. 与其媚于奥 59

54. 周监于二代 60

55. 子入太庙，每事问 61

56. 射不主皮 62

57. 子贡欲去告朔之饩羊 63

58. 事君尽礼 64

59. 君使臣，臣事君 65

60. 子曰关雎 66

61. 哀公问社于宰我 67

62. 管仲之器小哉 68

63. 子语鲁大师乐 70

64. 仪封人请见 71

65. 子谓韶 72

66. 居上不宽 73

里仁第四

67. 里仁为美 77

68. 不仁者不可以久处约 78

69. 唯仁者能好人 79

70. 苟志于仁矣 80

71. 富与贵，是人之所欲也 81

72. 我未见好仁者 82

73. 人之过也，各于其党 83

74. 朝闻道 84

75. 士志于道 85

76. 君子之于天下也 86

77. 君子怀德 87

78. 放于利而行 88

79. 能以礼让为国乎 89

80. 不患无位 90

81. 吾道一以贯之 91

82. 君子喻于义 92

83. 见贤思齐焉 93

84. 事父母几谏 94

85. 父母在，不远游 95

86. 三年无改于父之道 96

87. 父母之年，不可不知也 97

88. 古者言之不出 98

89. 以约失之者鲜矣 99

90. 君子欲讷于言而敏于行 100

91. 德不孤，必有邻 101

92. 事君数，斯辱矣 102

公冶长第五

93. 子谓公冶长 105

94. 子谓南容 106

95. 子谓子贱 107

96. 赐也何如 108

97. 雍也仁而不佞 109

98. 子使漆雕开仕 110

99. 道不行，乘桴浮于海 111

100. 子路仁乎 112

101. 女与回也孰愈 114

102. 宰予昼寝 115

103. 吾未见刚者 116

104. 我不欲人之加诸我也 117

105. 夫子之文章 118

106. 子路有闻 119

107. 孔文子何以谓之文也 120

108. 有君子之道四焉 121

109. 晏平仲善与人交 122

110. 臧文仲居蔡 123

111. 令尹子文三仕为令尹 124

112. 三思而后行 126

113. 邦有道，则知 127

114. 子在陈 128

115. 伯夷叔齐不念旧恶 129

116. 孰谓微生高直 130

117. 巧言、令色，足恭 131

118. 颜渊季路侍 132

119. 吾未见能见其过而内自讼者 134

120. 十室之邑 135

雍也第六

121. 雍也可使南面 139

122. 仲弓问子桑伯子 140

123. 弟子孰为好学 141

124. 子华使于齐 142

125. 原思为之宰 143

126. 子谓仲弓 144

127. 回也，其心三月不违仁 145

128. 仲由可使从政也与 146

129. 季氏使闵子骞为费宰 147

130. 伯牛有疾 148

131. 贤哉，回也 149

132. 非不说子之道 150

133. 女为君子儒 151

134. 子游为武城宰 152

135. 孟之反不伐.............................153

136. 不有祝鲍之佞.............................154

137. 谁能出不由户.............................155

138. 质胜文则野.............................156

139. 人之生也直.............................157

140. 知之者不如好之者.............................158

141. 中人以上，可以语上也.............................159

142. 樊迟问知.............................160

143. 知者乐水，仁者乐山.............................161

144. 齐一变，至于鲁.............................162

145. 觚不觚.............................163

146. 仁者，虽告之曰井有仁焉.............................164

147. 君子博学于文.............................165

148. 子见南子.............................166

149. 中庸之为德也.............................167

150. 如有博施于民而能济众.............................168

述而第七

151. 述而不作，信而好古.............................171

152. 默而识之，学而不厌.............................172

153. 德之不修，学之不讲.............................173

154. 子之燕居.............................174

155. 甚矣吾衰也.............................175

156. 志于道，据于德.............................176

157. 自行束脩以上.............................177

158. 不愤不启，不悱不发.............................178

159. 子食于有丧者之侧.............................179

160. 子于是日哭，则不歌.............................180

161. 用之则行，舍之则藏.............................181

162. 富而可求也，虽执鞭之士.............................182

163. 子之所慎 183

164. 子在齐闻韶 184

165. 夫子为卫君乎 185

166. 饭疏食饮水，曲肱而枕之 186

167. 加我数年，五十以学易 187

168. 子所雅言 188

169. 叶公问孔子于子路 189

170. 我非生而知之者 190

171. 子不语怪、力、乱、神 191

172. 三人行，必有我师焉 192

173. 天生德于予 193

174. 二三子以我为隐乎 194

175. 子以四教 195

176. 圣人，吾不得而见之矣 196

177. 子钓而不纲 197

178. 盖有不知而作之者 198

179. 互乡难与言 199

180. 仁远乎哉 200

181. 昭公知礼乎 201

182. 子与人歌而善 203

183. 文，莫吾犹人也 204

184. 若圣与仁 205

185. 子疾病，子路请祷 206

186. 奢则不孙，俭则固 207

187. 君子坦荡荡 208

188. 子温而厉 209

泰伯第八

189. 泰伯，其可谓至德也已矣 213

190. 恭而无礼则劳 214

191. 曾子有疾，召门弟子曰..........................215

192. 曾子有疾，孟敬子问之..........................216

193. 以能问于不能................................217

194. 可以托六尺之孤..............................218

195. 士不可以不弘毅..............................219

196. 兴于诗，立于礼，成于乐.......................220

197. 民可使由之..................................221

198. 好勇疾贫，乱也..............................222

199. 如有周公之才之美............................223

200. 三年学，不至于谷............................224

201. 笃信好学，守死善道..........................225

202. 不在其位，不谋其政..........................226

203. 师挚之始，关雎之乱..........................227

204. 狂而不直，侗而不愿..........................228

205. 学如不及，犹恐失之..........................229

206. 巍巍乎！舜禹之有天下也.......................230

207. 大哉尧之为君也..............................231

208. 舜有臣五人而天下治..........................232

209. 禹，吾无间然矣..............................234

子罕第九

210. 子罕言利....................................237

211. 大哉孔子....................................238

212. 麻冕，礼也..................................239

213. 子绝四......................................240

214. 子畏于匡....................................241

215. 夫子圣者与..................................242

216. 吾不试，故艺................................243

217. 吾有知乎哉..................................244

218. 凤鸟不至，河不出图..........................245

219. 子见齐衰者 246

220. 颜渊喟然叹曰 247

221. 子疾病，子路使门人为臣 248

222. 有美玉于斯 249

223. 子欲居九夷 250

224. 吾自卫反鲁，然后乐正 251

225. 出则事公卿，入则事父兄 252

226. 子在川上曰 253

227. 吾未见好德如好色者也 254

228. 譬如为山，未成一篑 255

229. 语之而不惰者 256

230. 吾见其进也，未见其止也 257

231. 苗而不秀者有矣夫 258

232. 后生可畏 259

233. 法语之言，能无从乎 260

234. 主忠信，毋友不如己者 261

235. 三军可夺帅也 262

236. 衣敝缊袍，与衣狐貉者立 263

237. 岁寒，然后知松柏之后凋也 264

238. 知者不惑 265

239. 可与共学，未可与适道 266

240. 唐棣之华，偏其反而 267

乡党第十

241. 孔子于乡党 271

242. 君召使摈 272

243. 入公门，鞠躬如也 273

244. 君子不以绀緅饰 275

245. 齐，必有明衣 277

246. 食不厌精，脍不厌细 278

247. 乡人饮酒 280

248. 问人于他邦 281

249. 厩焚 282

250. 君赐食 283

251. 入太庙，每事问。 284

252. 朋友死，无所归 285

253. 朋友之馈 286

254. 寝不尸，居不客。 287

255. 见齐衰者 288

256. 升车，必正立 290

257. 色斯举矣，翔而后集 291

先进第十一

258. 先进于礼乐，野人也 294

259. 从我于陈、蔡者 295

260. 回也非助我者也 296

261. 孝哉闵子骞 297

262. 南容三复白圭 298

263. 弟子孰为好学 299

264. 颜路请子之车以为之椁 300

265. 天丧予 301

266. 颜渊死，子哭之恸 302

267. 颜渊死，门人欲厚葬之 303

268. 季路问事鬼神 304

269. 闵子侍侧，訚訚如也 305

270. 鲁人为长府 306

271. 由之瑟奚为于丘之门 307

272. 师与商也孰贤 308

273. 季氏富于周公 309

274. 柴也愚 310

275. 子张问善人之道 311

276. 论笃是与 312

277. 闻斯行诸 313

278. 子畏于匡，颜渊后 314

279. 仲由、冉求可谓大臣与 315

280. 子路使子羔为费宰 316

281. 子路、曾皙、冉有、公西华侍坐 317

颜渊第十二

282. 颜渊问仁 323

283. 仲弓问仁 324

284. 司马牛问仁 325

285. 司马牛问君子 326

286. 人皆有兄弟，我独亡 327

287. 子张问明 328

288. 子贡问政 329

289. 君子质而已矣 330

290. 年饥，用不足，如之何 331

291. 子张问崇德辨惑 332

292. 齐景公问政于孔子 333

293. 片言可以折狱者 334

294. 听讼，吾犹人也 335

295. 子张问政 336

296. 博学于文，约之以礼 337

297. 君子成人之美 338

298. 季康子问政于孔子 339

299. 季康子患盗 340

300. 季康子问政于孔子曰 341

301. 士何如斯可谓之达矣 342

302. 樊迟从游于舞雩之下 343

303. 樊迟问仁 344

304. 子贡问友 346

305. 君子以文会友 347

子路第十三

306. 子路问政 351

307. 仲弓为季氏宰，问政 352

308. 卫君待子而为政 353

309. 樊迟请学稼 355

310. 诵诗三百，授之以政 356

311. 其身正，不令而行 357

312. 鲁卫之政，兄弟也 358

313. 子谓卫公子荆 359

314. 子适卫，冉有仆 360

315. 苟有用我者 361

316. 善人为邦百年 362

317. 如有王者，必世而后仁 363

318. 苟正其身矣 364

319. 冉子退朝 365

320. 一言而可以兴邦，有诸 366

321. 叶公问政 368

322. 子夏为莒父宰 369

323. 吾党有直躬者 370

324. 樊迟问仁 371

325. 何如斯可谓之士矣 372

326. 不得中行而与之 374

327. 南人有言曰 375

328. 君子和而不同 376

329. 乡人皆好之，何如 377

330. 君子易事而难说也 378

331. 君子泰而不骄 379

332. 刚、毅、木、讷 380

333. 何如斯可谓之士矣 381

334. 善人教民七年 382

335. 以不教民战 383

宪问第十四

336. 宪问耻 387

337. 士而怀居 388

338. 邦有道，危言危行 389

339. 有德者必有言 390

340. 南宫适问于孔子曰 391

341. 君子而不仁者有矣夫 392

342. 爱之，能勿劳乎 393

343. 为命，裨谌草创之 394

344. 或问子产 395

345. 贫而无怨难 396

346. 孟公绰为赵、魏老则优 397

347. 子路问成人 398

348. 子问公叔文子于公明贾 399

349. 臧武仲以防求为后于鲁 400

350. 晋文公谲而不正 401

351. 桓公杀公子纠 402

352. 管仲非仁者与 403

353. 公叔文子之臣大夫僎 404

354. 子言卫灵公之无道也 405

355. 其言之不怍 406

356. 陈成子弑简公 407

357. 子路问事君 408

358. 君子上达，小人下达 409

359. 古之学者为己 410

360. 蘧伯玉使人于孔子 411

361. 不在其位，不谋其政 412

362. 君子耻其言而过其行 413

363. 君子道者三 414

364. 子贡方人 415

365. 不患人之不己知 416

366. 不逆诈，不亿不信 417

367. 微生亩谓孔子曰 418

368. 骥不称其力 419

369. 以德报怨，何如 420

370. 莫我知也夫 421

371. 公伯寮愬子路于季孙 422

372. 贤者辟世 423

373. 子路宿于石门 424

374. 子击磬于卫 425

375. 高宗谅阴，三年不言 427

376. 上好礼 428

377. 子路问君子 429

378. 原壤夷俟 430

379. 阙党童子将命 431

卫灵公第十五

380. 卫灵公问陈于孔子 435

381. 在陈绝粮 436

382. 女以予为多学而识之者与 437

383. 知德者鲜矣 438

384. 无为而治者 439

385. 子张问行 440

386. 直哉史鱼 441

387. 可与言而不与之言 442

388. 志士仁人，无求生以害仁 443

389. 子贡问为仁 444

390. 颜渊问为邦 445

391. 人无远虑，必有近忧 446

392. 吾未见好德如好色者也 447

393. 臧文仲其窃位者与 448

394. 躬自厚而薄责于人 449

395. 不曰如之何 450

396. 群居终日 451

397. 君子义以为质 452

398. 君子病无能焉 453

399. 君子疾没世而名不称焉 454

400. 君子求诸己 455

401. 君子矜而不争 456

402. 君子不以言举人 457

403. 有一言而可以终身行之者乎 458

404. 吾之于人也 459

405. 吾犹及史之阙文也 460

406. 巧言乱德 461

407. 众恶之，必察焉 462

408. 人能弘道 463

409. 过而不改，是谓过矣。 464

410. 吾尝终日不食 465

411. 君子谋道不谋食 466

412. 知及之，仁不能守之 467

413. 君子不可小知而可大受也 468

414. 民之于仁也，甚于水火 469

415. 当仁，不让于师 470

416. 君子贞而不谅 471

417. 事君，敬其事而后其食 472

418. 有教无类 473

419. 道不同，不相为谋 474

420. 辞达而已矣 475

421. 师冕见，及阶 476

季氏第十六

422. 季氏将伐颛臾 479

423. 天下有道 482

424. 禄之去公室五世矣 483

425. 益者三友 484

426. 益者三乐 485

427. 侍于君子有三愆 486

428. 君子有三戒 487

429. 君子有三畏 488

430. 生而知之者 489

431. 君子有九思 490

432. 见善如不及 491

433. 齐景公有马千驷 492

434. 陈亢问于伯鱼曰 493

435. 邦君之妻 495

阳货第十七

436. 阳货欲见孔子 499

437. 性相近也，习相远也 501

438. 唯上知与下愚不移 502

439. 子之武城 503

440. 公山弗扰以费畔 504

441. 子张问仁于孔子 505

442. 佛肸召，子欲往 506

443. 女闻六言六蔽矣乎......................507

444. 小子何莫学夫诗......................508

445. 子谓伯鱼曰......................509

446. 礼云礼云......................510

447. 色厉而内荏......................511

448. 乡愿，德之贼也......................512

449. 道听而涂说......................513

450. 鄙夫可与事君也与哉......................514

451. 古者民有三疾......................515

452. 巧言令色，鲜矣仁......................516

453. 恶紫之夺朱也......................517

454. 予欲无言......................518

455. 孺悲欲见孔子......................519

456. 三年之丧，期已久矣......................520

457. 饱食终日，无所用心......................522

458. 君子尚勇乎......................523

459. 君子亦有恶乎......................524

460. 唯女子与小人为难养也......................525

461. 年四十而见恶焉......................526

微子第十八

462. 微子去之......................529

463. 柳下惠为士师......................530

464. 齐景公待孔子曰......................531

465. 齐人归女乐......................532

466. 楚狂接舆歌而过......................533

467. 长沮、桀溺耦而耕......................534

468. 子路从而后......................537

469. 逸民......................539

470. 太师挚适齐......................540

471. 周公谓鲁公曰 541

472. 周有八士 542

子张第十九

473. 士见危致命 545

474. 执德不弘 546

475. 子夏之门人问交于子张 547

476. 虽小道必有可观者焉 549

477. 日知其所亡 550

478. 博学而笃志 551

479. 百工居肆以成其事 552

480. 小人之过也必文 553

481. 君子有三变 554

482. 君子信而后劳其民 555

483. 大德不逾闲 556

484. 子夏之门人小子 557

485. 仕而优则学 558

486. 丧致乎哀而止 559

487. 吾友张也 560

488. 堂堂乎张也 561

489. 人未有自致者也 562

490. 孟庄子之孝也 563

491. 孟氏使阳肤为士师 564

492. 纣之不善 565

493. 君子之过也 566

494. 卫公孙朝问于子贡曰 567

495. 叔孙武叔语大夫于朝曰 568

496. 叔孙武叔毁仲尼 570

497. 陈子禽谓子贡曰 571

尧曰第二十

498. 尧曰：天之历数在尔躬......575

499. 子张问于孔子曰......577

500. 不知命，无以为君子也......580

学而第一

共 16 句

1. 学而时习之

1.1 子曰："学而时习之，不亦说乎？有朋自远方来，不亦乐乎？人不知而不愠，不亦君子乎？"

【译文】

孔子说："一边学习新的知识，一边练习巩固，很开心对不对？有朋友从远方来聚，很快乐对不对？虽然默默无闻，却不烦恼怨怒，这才像个君子对不对？"

【注释】

习：鸟数飞也，意为幼鸟反复练习飞翔。引申为练习、温习。

说：同"悦"。

愠：郁闷，恼怒。

君子：指有道德、有学问的人。

2. 其为人也孝弟

1.2 有子曰："其为人也孝弟，而好犯上者，鲜矣；不好犯上，而好作乱者，未之有也。君子务本，本立而道生。孝弟也者，其为仁之本与！"

【译文】

有子说："一个孝敬父母、尊敬兄长的人，说他总是冒犯违抗在上位的人，这种情况几乎没有。一个不好犯上的人，说他造反作乱，这种情况从来没有发生过。君子都要在做人的根本上下功夫，根基打好了，人生道路就通畅了。所以，孝悌乃是人生道路的起点！"

【注释】

孝：善事父母者。

弟：同"悌"，尊敬兄长为悌。

仁：儒家含义广泛的道德范畴，仁爱与正义。亦同"人"。

3. 巧言令色

1.3 子曰："巧言令色，鲜矣仁！"

【译文】

孔子说："花言巧语，谄媚奉承，这样的人缺德无礼！"

【注释】

巧言：花言巧语。

令色：谄媚的脸色。

鲜：少，几乎没有。

【参见】

《公冶长第五》第 25 句。

4. 吾日三省吾身

1.4 <u>曾子</u>曰："吾日三省吾身，为人谋而不忠乎？与朋友交而不信乎？传不习乎？"

【译文】

曾子说："我每天一遍遍反省自己，为别人办事尽心尽力了吗？跟朋友打交道信守承诺了吗？传授给弟子们的知识，有没有督促他们练习巩固？"

【注释】

传不习乎：传而时习乎？传授之后是否练习巩固。句式同"学而时习乎"。

【顺义】

传：一说师传于己，一说己传于人。从上下文意，后说更切合。

5. 道千乘之国

1.5 子曰:"道千乘之国,敬事而信,节用而爱人,使民以时。"

【译文】

孔子说:"治理有千辆兵车这样的大国,处理政务要遵照礼法,信实无欺,节省财政开支,减轻人民负担,摊派劳役一定是在农闲之时。"

【注释】

道:同"导",引申为领导、治理。

以时:即定时,不违农时。

6. 入则孝，出则弟

1.6 子曰:"弟子入则孝, 出则弟, 谨而信, 泛爱众, 而亲仁。行有余力, 则以学文。"

【译文】

孔子说: "弟子们, 我对你们的要求是: 在家要孝敬父母, 出门在外, 要像尊重兄长一样与朋友相处, 少说话, 言而有信, 有博爱之心, 亲近那些有德行的人。如果还有时间精力, 可以学习礼乐, 使自己更有文化。"

【注释】

弟子: 后生晚辈、学生。

入: 进家门, 指在家。

出: 出门在外。

谨: 说话谨慎。

亲仁: 亲近仁德之人。

文: 狭义指文献、书籍, 广义指文化、礼乐。

7. 贤贤易色

1.7 <u>子夏</u>曰: "贤贤易色; 事父母, 能竭其力; 事君, 能致其身; 与朋友交, 言而有信。虽曰未学, 吾必谓之学矣。"

【译文】

子夏说: "看到学识渊博、品德高尚的人, 要肃然起敬; 侍奉父母能竭尽其力; 侍奉国君能献身尽忠; 同朋友交往能信守诺言。这样的人就算没读过书, 也像读书人一样明白事理。"

【注释】

贤贤: 以贤为贤。

易色: 改变容色, 肃然起敬。易: 改变; 色: 容色, 也可解释为态度。

致: 送也, 委致其身, 意即献身。

学: 第一个"学"为学习, 第二个"学"为学识、学行。

【顺义】

另一译为: 要以贤者为榜样, 远离谄媚奉承的小人。"易"指轻视、远离; "色"为令色, 指谄媚奉承的小人。

8. 君子不重，则不威

1.8 子曰："君子不重，则不威；学则不固；主忠信，无友不如己者；过则勿惮改。"

【译文】

孔子说："君子如果不庄重，就没有威严；如果好学，就不会粗陋低俗；只要待人忠诚，信守承诺，比自己优秀的人都会成为你的朋友；有了过错，一定不要害怕改正。"

【注释】

重：自重、庄重。

固：固陋、粗鄙。

主：守也，信守。

【顺义】

王曦辨析，"无友不如己者"，从文例、文气和文意看，"无友"前似隐去了一"则"字，"主忠信"和"无友不如己者"两句统言一事，即"交友之道"，应合为一句。吾从王。

【参见】

《子罕第九》第 25 句。

9. 慎终，追远

1.9 曾子曰："慎终，追远，民德归厚矣。"

【译文】

曾子说："认真办理父母的丧事，缅怀祭拜远去的祖先，民风民德自然就会归于淳朴厚重。"

10. 夫子至于是邦也

1.10 子禽问于子贡曰："夫子至于是邦也，必闻其政。求之与？抑与之与？"子贡曰："夫子温、良、恭、俭、让以得之。夫子之求之也，其诸异乎人之求之与？"

【译文】

子禽向子贡问道："老师每到一个国家，总是能知道这个国家的国政。是他自己打探来的呢，还是别人主动告诉他的呢？"子贡说："老师温和、善良、恭敬、俭朴、谦逊，大家都愿意以实情相告。这大概就是老师获取信息的方式与众不同的地方吧？"

【注释】

夫子：对做过大夫的人的敬称，孔子曾为鲁国司寇，故学生们称他为"夫子"，后世沿袭以称呼老师。

闻：与闻、得知。

求：访求、探求。

抑：抑或、还是。

其诸：表揣测，意为或许、大概、大致。

11．父在，观其志

1.11 子曰："父在，观其志；父没，观其行；三年无改于父之道，可谓孝矣。"

【译文】

孔子说："父亲在世时，要看做儿子的是否树立了远大志向；父亲不在了，还要看做儿子的是否谨守遵行；如果三年都能够做到言行一致，就可以说是孝子了。"

【注释】

观：观察。

没：通"殁"，人死为殁。

三年：居丧三年；多年，长期。

【顺义】

王曦辨析，"观"指镜鉴、师法，"其"指父亲，不是指儿子。本句翻译为：当父亲在世的时候，要聆听他的教诲，树立远大志向；父亲去世了，要效法他的行为；如果长期没有改变父亲指引的道路，可以说是尽孝了。略显牵强的是"观其行"的"观"，是否有"效法"之语义？故未从王说。

12. 礼之用，和为贵

1.12 <u>有子</u>曰："礼之用，和为贵。先王之道，斯为美。小大由之。有所不行，知和而和，不以礼节之，亦不可行也。"

【译文】

有子说："礼的作用，最可贵的地方就是恰到好处。先王留下来的传统中，这个做法最完美！不管大小事情，都遵从这样的理念。也有行不通的时候，即如果为了'和'而'和'，不讲原则，不以礼法节制，就不可行。"

【注释】

和：中和，适中，恰到好处。

先王之道：指尧、舜、禹、汤、文、武、周公等古代贤王的治世之道。

节：节制，约束。

13. 信近于义

1.13 <u>有子</u>曰："信近于义，言可复也。恭近于礼，远耻辱也。因不失其亲，亦可宗也。"

【译文】

有子说："守信用，须行为正当，不谄不畏，才能履行承诺。讲恭敬，须符合礼法，不卑不亢，才能免遭羞辱。即如姻亲，保持亲近的关系，也是值得崇尚的。"

【注释】

复：通"履"，解为履，履行。

远：避免。

因不失其亲，亦可宗也：因：同"姻"，姻，即母族，称外亲；宗：即父族，称内亲。

【顺义】

难解章句之一。三句话讲的都是关系尺度，前两句是复句，后一句是单句，类似对比。

周朝实行分封制，将王室子弟分封为诸侯，同时被分封为诸侯的也有异姓功臣。周人同姓不婚，异姓诸侯便成为姬姓的主要联姻对象，姬姓内部的父兄关系和姬姓与异姓的甥舅关系，使得周王朝构成了一个庞大的家族群体，由此形成一个以血缘和姻亲为联系的政治集团。姻亲虽不是至亲，但它是周王朝宗法制度的基础，所以这里说，也是值得宗仰的。

14.君子食无求饱

1.14 子曰："君子食无求饱，居无求安，敏于事而慎于言，就有道而正焉。可谓好学也已。"

【译文】

孔子说："君子，饮食不要求饱足，居住不要求舒适，行事敏捷，说话谨慎，向有道德学问的人求教，匡正自己的思想行为，这样才算是好学。"

【注释】

敏：敏捷。

慎：说话谨慎。

正：匡正，使己正。

【参见】

《里仁第四》第24句

15. 贫而无谄，富而无骄

1.15 子贡曰："贫而无谄，富而无骄，何如？"子曰："可也。未若贫而乐，富而好礼者也。"

子贡曰："诗云：'如切如磋，如琢如磨'，其斯之谓与？"子曰："赐也，始可与言诗已矣，告诸往而知来者。"

【译文】

子贡说："贫穷却不巴结奉承，富贵也不傲慢无礼，这个境界怎么样？"孔子说："还行，但是还不如虽贫穷却乐守正道，纵富贵但谦虚好礼哩。"

子贡说："《诗经》上说：'（君子像玉一样）需要切割、锉削、雕刻、磨光（方能成器）'。说的是不是这个意思？"孔子说："端木赐，看来可以跟你讨论《诗经》了。跟你讲过去发生的事情，你能从中有所思考，从而知道未来将要发生的事情。"

【注释】

贫而乐：虽家境贫穷，却以获得知识、懂得道理为乐事。

赐：端木赐，字子贡。

【参见】

《宪问第十四》第10句。

16. 不患人之不己知

1.16 子曰："不患人之不己知，患不知人也。"

【译文】

孔子说："别人是不是了解我，无所谓，真正值得担忧的，是自己没有认人识人的能力。"

【注释】

患：担心，忧虑。

【参见】

《里仁第四》第 14 句。

《宪问第十四》第 30 句。

为政第二

共 24 句

17. 为政以德

2.1 子曰："为政以德，譬如北辰，居其所而众星共之。"

【译文】

孔子说："施政要以德服人，就像北极星一样，安居中央之位，众星环绕，秩序井然。"

【注释】

北辰：北极星。古人以为北极星位于宇宙中央。

共：同"拱"，环抱，围绕。

18. 诗三百，一言以蔽之

2.2 子曰："诗三百，一言以蔽之，曰：'思无邪'。"

【译文】

孔子说："《诗经》三百篇，用一句话概括，可以说是情感纯美，没有邪念。"

【注释】

诗三百：《诗经》三百零五首，取其整数。如《论语》有四百九十二句、五百一十六句等各种分段法，本书概说论语五百句。

蔽：尽，概括。

19. 道之以政

2.3 子曰："道之以政，齐之以刑，民免而无耻。道之以德，齐之以礼，有耻且格。"

【译文】

孔子说："用政令来训导百姓，用法律来约束百姓，结果是百姓只想钻法律的空子，越来越丧失廉耻之心；如果用道德来引导百姓，用礼法来规范百姓，百姓不但有廉耻之心，而且会自觉按照道德的要求去做。"

【注释】

道：同"导"，引导。

齐：整齐，规范，约束。

免：免刑，免罪，免祸，引申为开脱罪责。

格：法式，标准，条例，制度。

20. 吾十有五而志于学

2.4 子曰："吾十有五而志于学，三十而立，四十而不惑，五十而知天命，六十而耳顺，七十而从心所欲，不逾矩。"

【译文】

孔子说："我十五岁立志求学，三十岁成家立业，四十岁明察事理，五十岁证悟大道，六十岁，毁誉由人，到了七十岁，身随心动，率性而为，但是不会脱离法度，逾越规矩。"

【注释】

立：成家立业，一说知礼为立，不学礼，无以立。

不惑：明察事理，智者不惑。

天命：天赋使命，证悟大道。

耳顺：虚心听取别人的批评，不在乎别人对自己的评价。

21. 孟懿子问孝

2.5 孟懿子问孝，子曰："无违。"

樊迟御，子告之曰："孟孙问孝于我，我对曰'无违'。"
樊迟曰："何谓也？"子曰："生，事之以礼；死，葬之以礼，
祭之以礼。"

【译文】

孟懿子向孔子请教如何行孝道。孔子说："不要违礼。"

樊迟替孔子驾车，孔子告诉他说："孟孙问我孝道，我回答他说，
不要违礼。"樊迟问道："这是什么意思？"孔子说："父母活着的时候，
要按礼法侍奉他们；父母去世后，要按礼法安葬他们，祭拜他们。"

【注释】

无违：父母怎么说，儿女就怎么做。孔子的解释是，不要违反礼节，
才叫无违。违：违背，违礼。

孟孙：即孟懿子。

22. 孟武伯问孝

2.6 <u>孟武伯</u>问孝。子曰："父母唯其疾之忧。"

【译文】

孟武伯来请教如何行孝道。孔子说："父母最担心的是自己的孩子生病。"

【注释】

唯其疾之忧：正常的语序是"唯忧其疾"。

【顺义】

做儿女的要保重身体，不要让父母担心，就是行孝道了。

23. 子游问孝

2.7 <u>子游</u>问孝。子曰："今之孝者，是谓能养。至于犬马，皆能有养；不敬，何以别乎？"

【译文】

子游问何为孝道。孔子说："现在所谓的孝，只是说能够养活爹娘的意思。那不是把父母当成狗马一样饲养了吗。如果对父母没有恭敬之心，那跟对待狗马有什么区别呢？"

【注释】

是谓：说的是，只是。

有养：被喂养。

24. 子夏问孝

2.8 子夏问孝。子曰："色难。有事，弟子服其劳；有酒食，先生馔，曾是以为孝乎？"

【译文】

子夏问何为孝道。孔子说："在父母面前总能保持和颜悦色，说起来容易，要做到却很难。有事情，年轻人去做；有酒和食物，让长辈先吃，做到这一点，就能说是孝敬了吗？"

【注释】

色：脸色，指儿女的脸色。

弟子：晚辈。

服：操持、操劳。

先生：长辈。

馔：吃喝。

曾是：竟然。

【顺义】

与子游问孝意同，如不敬，同不孝。

25. 吾与回言终日

2.9 子曰："吾与回言终日，不违，如愚。退而省其私，亦足以发，回也不愚。"

【译文】

孔子说："我给颜回讲了一整天课，他竟无不同意见，像个愚笨的人。下课后我观察他私下言行，不仅理解我所讲，还有发挥，可见颜回一点儿也不笨。"

【注释】

违：反驳，辩难，反馈。

退：退下，下课。

私：个人的思想和行为。

发：兴发，领悟，发挥。

【参见】

《先进第十一》第3句。

26. 视其所以

2.10 子曰: "视其所以, 观其所由, 察其所安, 人焉廋哉? 人焉廋哉? "

【译文】

孔子说: "看一个人的所作所为, 观察他的来路经历, 了解他的心理寄托, 他还能隐瞒什么呢? 能隐瞒什么呢? "

【注释】

所以: 所作所为。以: 为也。

所由: 由来始末。由: 经也。

所安: 心安寄托。安: 止也。

廋 (sōu): 隐藏, 藏匿。

27. 温故而知新

2.11 子曰："温故而知新，可以为师矣。"

【译文】

孔子说："在温习老师讲过的知识时，能从中得出不同于老师的新见解，做到这样便可以当老师了。"

【注释】

温故：时习旧闻。温：温习，复习；故：旧所闻，讲过的知识。

知新：每有所得。新：今所得。

28. 君子不器

2.12 子曰："君子不器。"

【译文】

孔子说："君子不能像器具，只局限于某一种用途。"

【注释】

器：器皿，器具。

【顺义】

形而上者谓之道，形而下者谓之器。君子应体用兼备。
器，非谓无用，乃谓不限于一材一艺之长。

29. 子贡问君子

2.13 <u>子贡</u>问君子。子曰："先行其言而后从之。"

【译文】

　　子贡问，怎样才能做一个君子。孔子说："君子说到做到，言能践行，然后众人才会相信你，跟从你。"

30. 君子周而不比

2.14 子曰："君子周而不比，小人比而不周。"

【译文】

孔子说："君子团结而不勾结，小人勾结而不团结。"

【注释】

周：普遍，引申为公道，团结。

比：朋比，引申为结党，偏私。

【顺义】

有多种译法，皆可取也。其一：君子诚信交友，一视同仁，不会拉帮结派。小人相互勾结，谋取私利，视道义为无物。

31. 学而不思则罔

2.15 子曰："学而不思则罔，思而不学则殆。"

【译文】

孔子说："光读书不思考，则无所解无所得；光思考不读书，越琢磨越糊涂。"

【注释】

罔（wǎng）：同"无"，无知，迷惘。

殆（dài）：疑惑，懒惰。

32. 攻乎异端

2.16 子曰："攻乎异端，斯害也已！"

【译文】

孔子说："攻击与自己观点不一致的言论，是非常有害的。"

【注释】

攻乎：攻击。乎：用作后缀，构成动词。

异端：不同的言论、观点。

斯：这样，这个。

也已：句末语气词，表感叹。

【顺义】

难解章句之一。有注本将"攻"解为致力于学习和研究。"攻乎异端"，意思是不严谨治学，而专注于旁门左道，对于学问来说，是非常有害的。此解也可取。

33. 诲女知之乎

2.17 子曰："由！诲女知之乎！知之为知之，不知为不知，是知也。"

【译文】

孔子说："仲由，我告诉你什么是求知的态度！知道就是知道，不知道就是不知道，这就是聪明智慧。"

【注释】

诲：教诲，传授。诲人不倦。

女：同"汝"。

知之乎：知之，意为求知。

是知也：知，同"智"。

34. 子张学干禄

2.18 <u>子张</u>学干禄。子曰:"多闻阙疑,慎言其余,则寡尤;多见阙殆,慎行其余,则寡悔。言寡尤,行寡悔,禄在其中矣。"

【译文】

子张请教谋取官职俸禄的门道。孔子说:"要多听少说,有疑问的地方,加以保留,自己懂得的,出口也要斟酌,这样说话就很少有过失。要多看慎行,危险的地方,尽量远离,没有危险的,行事也要谨慎,这样做事就很少会后悔。说话没有过失,做事不会后悔,官职俸禄自然就有了。"

【注释】

干禄:谋取出仕做官。干:这里指谋求;禄是福气,爵禄、食禄、财禄,这里指俸给。

阙:空缺,保留,同"缺"。

其余:其他的事。

尤:过失,抱怨。

阙殆:不做危险的事。殆:危险

35. 何为则民服

2.19 <u>哀公</u>问曰："何为则民服？"<u>孔子</u>对曰："举直错诸枉，则民服；举枉错诸直，则民不服。"

【译文】

鲁哀公问道："怎么做才能让百姓顺服？"孔子对他说："把正直的人提拔起来，放在邪曲的人之上，以正压邪，百姓就顺服；举用邪曲的人，把他们放在正直的人之上，以邪压正，百姓就不顺服。"

【注释】

对曰：臣下回答君上的询问要用"对曰"。

直：正直，正人君子。

枉：歪曲，邪僻小人。

错：同"措"，放置。

【参见】

《颜渊第十二》第22句。

36. 使民敬、忠以劝

2.20 <u>季康子</u>问："使民敬、忠以劝，如之何？"子曰："临之以庄，则敬；孝慈，则忠；举善而教不能，则劝。"

【译文】

季康子问道："要使人民恭顺、忠诚且有上进心，应该怎么做？"孔子说："对待人民态度端正，就会得到人民的尊敬；孝顺父母，慈爱幼小，就会得到人民的忠诚；提举贤能之人而教育那些能力差的人，人民自然就会积极向上。"

【注释】

以：连词，相当于"而"，表并列。

劝：勉也，积极向上。

不能：无能，能力差的人。

37．子奚不为政

2.21 或谓孔子曰："子奚不为政？"子曰："书云：'孝乎惟孝，友于兄弟，施于有政。'是亦为政，奚其为为政？"

【译文】

有人问孔子说："你为什么不去做官从政？"孔子说："《尚书》上说：'孝啊，只有孝敬父母，才能友爱兄弟，并把这种孝悌的风气影响到当政者身上。'这就是从政了呀，为什么只有做官才算从政呢？"

【注释】

或：有人。

施：延伸，扩展。

有政：指执政者。

奚其为：为何是。

38. 人而无信

2.22 子曰："人而无信，不知其可也。大车无輗，小车无軏，其何以行之哉？"

【译文】

孔子说："一个人如果不讲信用，真不知道他怎么立身处世。就像大车没有锁横木的插销輗，小车没有锁横木的插销軏，车怎么能行走呢？"

【注释】

輗（ní）：大车车辕前面驾牲口的横木两头起固定作用的活销。

軏（yuè）：小车横木上的活销。

【顺义】

不知其可也：真的不知道拿他怎么办。反映一种无可奈何的心情。

39. 十世可知也

2.23 子张问："十世可知也？"子曰："殷因于夏礼，所损益，可知也；周因于殷礼，所损益，可知也。其或继周者，虽百世，可知也。"

【译文】

子张问："十代以后是什么样子，您能知道吗？"孔子说："殷朝继承夏朝的礼制，有删减，有增补，我们今天都能看到；周朝继承殷朝的礼制，有删减，有增补，今天同样能够看到。那么，将来继承周朝的那个朝代，必是在周朝礼制的基础上有所改变，即使一百代，也是可以预先知道的。"

【注释】

也：同"耶"，表疑问。

因：因循，沿袭，继承。

40. 非其鬼而祭之

2.24 子曰："非其鬼而祭之，谄也。见义不为，无勇也。"

【译文】

孔子说："不是自己的祖先，你也去祭拜，这是谄媚。遇到该主持正义的事，你不挺身而出，这是怯懦。"

【注释】

鬼：人死为鬼，此处特指死去的祖先，泛指不当祭之鬼神。

八佾第三

共 26 句

41. 八佾舞于庭

3.1 <u>孔子谓季氏</u>："八佾舞于庭，是可忍也，孰不可忍也？"

【译文】

孔子评论季氏的行为："他竟敢使用八纵八横规格的舞乐队，在家庙的中庭奏乐舞蹈，如果这样的行为都可以容忍，还有什么是不能容忍的呢？"

【注释】

谓：评论之辞也。

八佾（yì）：佾：行列的意思。八佾就是八纵八横六十四人。《周礼》规定，只有周天子才可以使用八佾规格的乐舞，诸侯为六佾，卿大夫为四佾，违制使用都是僭越行为。

忍：容忍。

孰：何，哪个。

42. 三家者以雍彻

3.2 三家者以雍彻，子曰："'相维辟公，天子穆穆'，奚取于三家之堂？"

【译文】

三大家族举办祭祖典礼，撤下祭品时，唱《雍》诗礼赞。孔子说："诗中唱道：'各国公侯，都来助祭，天子主祭，神采奕奕。'这种规格的礼仪，怎么会出现在三家诸侯祭祀的大堂上？"

【注释】

三家：鲁国当政的三大家族，即孟孙氏、叔孙氏、季孙氏。因都是鲁桓公的后代，又称"三桓"。

彻：同"撤"。

相维辟公，天子穆穆：《诗经·周颂·雍》诗中的两句。相：傧相，助祭；维：同"围"，围绕；辟公：诸侯；穆穆：形容仪容端庄，沉静而华美。

奚取于三家之堂：三家诸侯怎么能够采取天子祭祀的规制。奚：何；取：用。

43. 人而不仁

3.3 子曰："人而不仁，如礼何？人而不仁，如乐何？"

【译文】

孔子说："如果人都没有仁德了，还要礼仪有什么用？如果人都没有仁德了，还要音乐有什么用？"

44. 林放问礼之本

3.4 <u>林放</u>问礼之本，子曰："大哉问！礼，与其奢也，宁俭；丧，与其易也，宁戚。"

【译文】

林放问礼的根本是什么。孔子说："问得好！举办典礼，与其追求奢华，不如朴素节俭而心存敬意；操办丧事，与其一切从简，草草了事，更应悲痛哀伤而流露真情。"

【注释】

大哉问：也可以译作"大问题"。

易：易怠，轻惰，简易。

【顺义】

"易"作何解？易通"逸"，即骄奢淫逸，仪文周到，排场铺张，似乎与前句中的"奢"对应成文。但将"易"强解为"逸"，过于勉强。而望文生义，指简易，从简，与前句"奢"似可对应。

45. 夷狄之有君

3.5 子曰："夷狄之有君，不如诸夏之亡也。"

【译文】

孔子说："夷狄之邦尚且知道尊君，华夏诸国还不如他们，堕落到好像没有君主一样。"

【注释】

夷狄：东方蛮族称"夷"，西方蛮族称"狄"。

诸夏：华夏族群自称"诸夏"，又称"中国"。

亡：同"无"，从有到无叫"亡"。

【顺义】

无君代表无道，礼崩乐坏，痛心疾首，既如此，还有理由说华夏文明优于夷狄蒙昧吗？

46. 季氏旅于泰山

3.6 季氏旅于泰山。子谓冉有曰:"女弗能救与?"对曰:"不能。"子曰:"呜呼!曾谓泰山不如林放乎?"

【译文】

季孙氏要去祭祀泰山。孔子对冉有说道:"你能不能去说服他收回成命?"冉有回答:"我做不到。"孔子叹道:"唉!难道泰山的神威,震慑不住林放吗?"

【注释】

旅:祭祀山川之礼称为"旅"。按礼制,只有天子和诸侯才能祭祀泰山,季孙氏只是鲁国大夫,祭祀泰山是僭礼。

冉有:孔子弟子,时任季氏宰,故孔子让他去阻止。

救:劝阻,挽回。

林放:三桓家族管理礼仪的官员,季氏祭泰山,应该是他安排组织的。

泰山:指泰山神灵、神威。

47. 君子无所争

3.7 子曰："君子无所争，必也射乎！揖让而升，下而饮。其争也君子。"

【译文】

孔子说："君子没有什么好争的，如果非争不可，那就比赛射箭吧！相互作揖，登堂就位，比赛结束，回到座位相互敬酒。礼让为先，这是君子竞争的方式。"

【注释】

射："六艺"之一。"六艺"古指礼、乐、射、御、书、数六种技艺。

48. 巧笑倩兮

3.8 子夏问曰："'巧笑倩兮，美目盼兮，素以为绚兮'。何谓也？"子曰："绘事后素。"

曰："礼后乎？"子曰："起予者商也！始可与言诗已矣。"

【译文】

子夏问道："《诗经》中说，美妙一笑妩媚动人，眼波流转令人销魂，略施粉黛，更加绚丽。说的是什么意思？"孔子说："就像绘画一样，基底都是素洁的。"

子夏又说："礼乐的产生，是在仁的后面吧？"孔子说："启发我的人，是卜商啊！现在我们终于可以在一起谈论《诗经》了。"

【注释】

"巧笑倩兮"三句：出于《诗经·卫风·硕人》。

倩：美丽，含笑迷人。

盼：顾盼，眼波流转。

绘事：绘画。

后素：基底素洁。素：本色。

礼后乎：如补足文意，本句应为：仁先礼后乎？

起：同"启"，启发，启示。

商：卜氏，名商，字子夏。

49. 夏礼，吾能言之

3.9 子曰:"<u>夏</u>礼, 吾能言之, <u>杞</u>不足征也; <u>殷</u>礼, 吾能言之, <u>宋</u>不足征也。文献不足故也。足, 则吾能征之矣。"

【译文】

孔子说:"夏代的礼法，我能说出大概，但夏人的后代杞国，因为资料不足，我就没法考证了；殷代的礼法，我也能说出大概，但殷人的后代宋国，因为资料不足，我也无法考证。这都是文献资料不足的缘故。如果资料齐全，我就能够考证它们。"

【注释】

杞（qǐ）：周朝国名，周初行封建之制，封夏禹的后代于杞。

宋：周朝国名，周初封商汤的后代于殷，后改封于宋。

征：佐证，验证，考证。

50. 禘自既灌而往者

3.10 子曰："禘自既灌而往者，吾不欲观之矣。"

【译文】

孔子说："禘祭大典，从献酒仪式以后，我就不想再往下看了。"

【注释】

禘（dì）：禘祭，古代宗庙四季祭祀之一的夏祭，古代帝王或诸侯在始祖庙里对祖先的一种盛大祭祀。

灌：禘祭头道程序为请神，之后献酒，然后泼洒于地以降神，叫作"灌"。

【顺义】

禘祭只有天子才能举行。此句虽未说何人举行禘祭，可以肯定是"僭"用禘礼，因此孔子不想看。八佾这章主要讲的是僭礼。

51. 或问禘之说

3.11 或问禘之说。子曰："不知也。知其说者之于天下也，其如示诸斯乎！"指其掌。

【译文】

有人向孔子请教禘礼的规制。孔子故意说："我不知道。"但接着又说："人若是懂得礼法对统治的重要，他看天下事，就像看自己的手掌一样！"说完还特意指了指自己的手掌。

【注释】

示：展示，示人。

诸：之于。

斯：代词，指其掌。

【顺义】

此段对话极其场景化，视觉化，如不添加一些词语，会让读者不知所云。"其如示诸斯乎"，直译就是：这不就像给你看到的这样吗。指其掌，指指自己的手掌，还很神秘的样子。

52. 祭如在

3.12 祭如在，祭神如神在。子曰："吾不与祭，如不祭。"

【译文】

祭祖，如同祖先与我同在；祭神，如同神灵与我同在。孔子说："参加祭祀活动，如果随意而敷衍，虽然身在此处，就跟没有在场一样。"

【注释】

在：在场，降临。

祭如在：省略了"祖"字，应为：祭祖如祖在。

与：亲自，参与。

【顺义】

"吾不与祭，如不祭"，各本都译为：祭祀需要有恭敬之心，如果不亲自参加祭祀活动，就跟没祭过一样。我的理解是，"祭如在"，省略了"祖"字，那么"如不祭"，是不是也省略了一个"不"字：没有恭敬之心，不如不祭。有训诫之意。

53. 与其媚于奥

3.13 王孙贾问曰: "与其媚于奥, 宁媚于灶, 何谓也?"
子曰: "不然。获罪于天, 无所祷也。"

【译文】

王孙贾问道: "与其巴结屋内的奥神, 不如巴结屋外面的灶神, 这句话是什么意思?"孔子说: "此话不对。若是上天降罪于我, 巴结谁都没用。"

【注释】

奥: 室内西南角叫"奥", 有神居此, 称为"奥神"。

灶: 灶即厨房, 有神居此, 称为"灶神"。

媚: 亲顺, 巴结, 讨好。

【顺义】

此句异解甚多, 王孙贾和孔子问答用的都是比喻, 喻义何在, 只能揣想。奥神居内, 喻内廷; 灶神居外, 喻外朝。要想谋取仕用, 走内廷路线还是走外朝? 孔子说, 我若做了坏事, 天降惩罚, 巴结谁也没用。正面表达应是: 德行在己, 富贵在天, 能否得到禄位, 要看是否正道而行。

54. 周监于二代

3.14 子曰："周监于二代，郁郁乎文哉！吾从周。"

【译文】

孔子说："周代以夏、商两代为借鉴，礼乐文明灿烂至极！我崇尚周代。"

【注释】

监：同"鉴"，借鉴，参照。

二代：指夏、商两朝。

郁郁：隆盛。

文：泛指礼乐文明。

55. 子入太庙，每事问

3.15 子入太庙，每事问。或曰："孰谓<u>鄹</u>人之子知礼乎？入太庙，每事问。"子闻之，曰："是礼也。"

【译文】

孔子走进太庙，每件事都要问个究竟。有人便说了："谁说鄹邑大夫的这个儿子是个礼学专家？他在太庙里，每件事都要问。"孔子听到了这话，回应道："这才是礼的精神。"

【注释】

鄹（zōu）人之子：鄹，地名，孔子的父亲叔梁纥做过鄹邑大夫，古代经常把某地的大夫称为"某人"，故叔梁纥被称为"鄹人"，孔子被称为"鄹人之子"。

【顺义】

知之为知之，不知为不知，不耻下问，正是礼的精神。

56. 射不主皮

3.16 子曰：“射不主皮，为力不同科，古之道也。”

【译文】

孔子说：“比赛射箭，并不要求射穿蒙皮的箭靶，因为每个人力量不同，自古以来就是这个规矩。”

【注释】

皮：古代称箭靶为“侯”，用兽皮蒙在靶上，称为“皮侯”。

同科：同等。科：等级。

57. 子贡欲去告朔之饩羊

3.17 <u>子贡</u>欲去告朔之饩羊，子曰："<u>赐</u>也！尔爱其羊，我爱其礼。"

【译文】

子贡要把每月初一用生羊献祭的规矩废除掉。孔子说："端木赐，你只爱你的羊，而我更尊崇礼制。"

【注释】

去：撤除，废弃。

告朔：每逢初一，便杀一只活羊献祭于庙，然后回到朝廷听政，这种庙祭叫"告朔"。朔：每月初一为朔日。

饩（xì）羊：凡祭祀用的牺牲，杀死未烹叫"饩"。

58. 事君尽礼

3.18 子曰："事君尽礼，人以为谄也。"

【译文】

孔子说："我侍奉君主，完全依照礼法行事，别人却说我谄媚。"

59. 君使臣，臣事君

3.19 定公问："君使臣，臣事君，如之何？"孔子对曰："君使臣以礼，臣事君以忠。"

【译文】

鲁定公问："君主差遣臣子，臣子侍奉君主，君臣各应该如何行事？"孔子答道："君主能够依照礼法差使臣子，臣子应该尽心忠诚侍奉君主。"

【注释】

忠：敬也，尽心曰忠。

60. 子曰关雎

3.20 子曰："关雎，乐而不淫，哀而不伤。"

【译文】

孔子说："《关雎》这组诗乐，快乐而不放荡，哀婉而不悲伤。"

【注释】

关雎：《诗经》首篇，本句孔子所论，兼指诗文和乐曲。诗由韵语而来，早期诗歌，诗歌乐舞结合。

淫：过分，放纵，放荡。

61. 哀公问社于宰我

3.21 哀公问社于宰我, 宰我对曰: "夏后氏以松, 殷人以柏, 周人以栗, 曰, 使民战栗。"子闻之, 曰: "成事不说, 遂事不谏, 既往不咎。"

【译文】

哀公问宰我, 社祠中种植什么样的树木。宰我回答: "夏朝君主用松树, 殷代用柏树, 周代用栗树, 说是用栗的谐音, 要使人民战栗恐惧。"孔子听了这话很不以为然, 说: "旧事不用再提, 做过的事再说劝阻也没用, 既然已经过去, 就不要再责怪了。"

【注释】

社: 土神, 祭祀土神, 又称"祭社", 此处指社树, 即社祠中种植的树木。

成事: 旧事。

遂事: 做过的事。

咎: 责怪、追究。

【顺义】

此句问答之间无逻辑, 只能理解为, 孔子闻听"使民战栗"四个字很不舒服, 仁政应使民敬忠以劝, 民不以死惧之。就周朝而言, 孔子觉得文王、武王各方面做得都很好, 只是这件事上不大妥当, 但对前辈的圣人, 也不好多加批评, 故有此说。

62. 管仲之器小哉

3.22 子曰: "管仲之器小哉!"

或曰: "管仲俭乎?"曰: "管氏有三归, 官事不摄, 焉得俭?"

"然则管仲知礼乎?"曰: "邦君树塞门, 管氏亦树塞门; 邦君为两君之好, 有反坫, 管氏亦有反坫。管氏而知礼, 孰不知礼?"

【译文】

孔子说: "管仲这个人, 德行不够啊!"

有人问: "管仲俭朴吗?"孔子说: "管仲有三处宅第, 手下人浮于事, 能说俭朴吗?"

人又问: "那么, 管仲是不是懂得礼法?"孔子说: "国君用树植做影壁立于门前, 管仲也用树植做影壁立于门前。国君为了接待外国君主, 在堂上设置专门放置酒具的土台, 管仲府里也有这样的土台。如果说管仲懂得礼法, 那还有谁不懂礼法呢?"

【注释】

器: 器识, 德行。

三归: 三处宅第, 三处府库, 三处采邑, 均可。

摄: 兼职。

塞门: 影壁。

反坫 (diàn): 国宴上宾主敬酒后回放酒爵的土台。

【顺义】

批评管仲三方面：生活不俭朴，行政不简约，礼数不检点。

63. 子语鲁大师乐

3.23 子语<u>鲁</u>大师乐，曰："乐其可知也。始作，翕如也；从之，纯如也，皦如也，绎如也，以成。"

【译文】

孔子评论鲁国大师演奏的乐曲，说："我大概听懂了：开始的时候，像鸟起飞时扇动翅膀，跟随音乐，越来越纯净，越来越明亮，越来越悠扬，最后达到高潮，全曲终了。"

【注释】

语：评论。

鲁大（tài）师：鲁国乐官名。

作：金鸣为作，乐曲开始于打击乐演奏。

翕：鸟起飞时双翅开合扇动，喻音乐由慢至快，由低至高。

从：跟随，接着，往后。

皦（jiǎo）：纯白，明亮。

绎：连续不断，悠扬连绵。

以成：乐曲结束，曰成。

64. 仪封人请见

3.24 仪封人请见，曰：“君子之至于斯也，吾未尝不得见也。”从者见之。出曰：“二三子何患于丧乎？天下之无道也久矣，天将以夫子为木铎。”

【译文】

仪地的边防官请求拜见孔子，说道：“凡有道德学问的人，到我这个地方，我从没有不相见的。”于是随行的弟子把他引见给孔子。他辞出以后，对孔子的弟子们说：“你们还怕丧失什么呢？这天下昏暗已经很久了，上天早晚要派你们的老师，敲着木铎来传达神的旨意。”

【注释】

从者：跟随孔子的弟子。

见之：引见。使之见。

二三子：指孔子弟子。

患：担忧。

木铎：带木舌的金属铃铛。古代朝廷发布政令，派出使者沿街宣教，摇动木铎，以召集听众。

65. 子谓韶

3.25 子谓韶：“尽美矣，又尽善也。”谓武：“尽美矣，未尽善也。”

【译文】

孔子对《韶》乐的评语是：“乐曲美极了，内容也好极了。”论到《武》乐：“乐曲美极了，内容还不够好。”

【注释】

韶：舜时代的乐曲名。

武：周武王时乐曲名。

善：舜的天子之位是由尧禅让而来，故孔子认为“尽善”；周武王的天子之位由讨伐商纣而来，以臣伐君，故孔子认为“未尽善”。

66. 居上不宽

3.26 子曰："居上不宽，为礼不敬，临丧不哀，吾何以观之哉？"

【译文】

孔子说："治理人民时不宽厚，执行礼仪时不恭敬，参加丧礼时不悲戚，这种人，叫我怎么看待他呢？"

【注释】

居上：指为政者。

临丧：居丧，吊丧，均可。

里仁第四

共 26 句

67. 里仁为美

4.1 子曰："里仁为美。择不处仁，焉得知？"

【译文】

孔子说："能与仁德之人做邻君，真让人舒心。不选择与仁者相处，能称得上聪明智慧吗？"

【注释】

里仁：与仁者同里。里：五家为邻，五邻为里。此处用为动词，居住、择处的意思。

知：同"智"。

焉得知：意为不智。

68. 不仁者不可以久处约

4.2 子曰："不仁者不可以久处约，不可以长处乐。仁者安仁，知者利仁。"

【译文】

孔子说："没有仁德操守的人，不能长期坚守在困苦的环境中，也不能够长期生活在逸乐的环境中。仁者在仁德中得到心安，智者在仁德中得到修养。"

【注释】

约：寡，少，指穷苦困顿。

安仁：安于仁，在仁德中得到心安。

利仁：利于仁，在仁德中获得修养。

69.唯仁者能好人

4.3 子曰:"唯仁者能好人,能恶人。"

【译文】

孔子说:"有仁德的人,能发自内心地喜欢一个人,也能从内心憎恶一个人。"

【注释】

好(hào):喜好,欣赏。

恶(wù):厌恶,厌弃。

70. 苟志于仁矣

4.4 子曰："苟志于仁矣，无恶也。"

【译文】

孔子说："如果一心向善，也就不会作恶了。"

【注释】

苟：如果，若是。

71. 富与贵，是人之所欲也

4.5 子曰："富与贵，是人之所欲也；不以其道得之，不处也。贫与贱，是人之所恶也；不以其道得之，不去也。君子去仁，恶乎成名？君子无终食之间违仁，造次必于是，颠沛必于是。"

【译文】

孔子说："富有而位尊，是人人所追求的，但以不正当的方式得到，君子不屑于占有。贫穷而卑贱，是人人所厌弃的，但不以正当的方式摆脱，君子羞于抛弃。君子如果丧失仁德，还配叫"君子"吗？哪怕只是一顿饭的工夫，君子也不会背离仁德。即便是在仓促紧迫之时，或是穷困末路之中，都不背离仁德之道。"

【注释】

处：居，占有，占用。

恶乎：疑问代词，犹言何所。

终食之间：一顿饭的工夫，比喻时间短。

造次：仓促，紧迫。

颠沛：摔倒，穷困。

于是：是，指违仁。

【参见】

《雍也第六》第7句

72. 我未见好仁者

4.6 子曰："我未见好仁者，恶不仁者。好仁者，无以尚之；恶不仁者，其为仁矣，不使不仁者加乎其身。有能一日用其力于仁矣乎？我未见力不足者。盖有之矣，我未之见也。"

【译文】

孔子说："我没有看到希慕贤德的人和鄙弃恶德的人。希慕贤德的人，以圣贤为至高典范；鄙弃恶德的人，在教化失德者的时候，要警惕自己，不要沾染上同样的恶德。你能用一天时间力行仁道吗？不会连这点能力都没有吧。这样的人可能也会有，只是我不曾见到这种情形罢了。"

【注释】

无以尚之：推崇备至，没有比（贤人）更高尚的了。

为仁：行仁义之事。

不仁者：指恶德。

加：放置，引申为沾染或影响。

有之：指"力不足者"。

73. 人之过也，各于其党

4.7 子曰："人之过也，各于其党。观过，斯知仁矣。"

【译文】

孔子说："一个人的过错，在我看来，都是所处环境造成的。观察他过错的由来，这才称得上仁德。"

【注释】

各于其党：党，所也。古代五百家为一党，引申义为处所。

【顺义】

"观过"，参照"观其所由"，指观察他过错的由来，促使他改过迁善，而不是一味指责。

74. 朝闻道

4.8 子曰："朝闻道，夕死可矣。"

【译文】

孔子说："在早晨体悟人生大道，抵达圣境，即便当晚死去亦可无憾。"

【注释】

闻道：即得道或证道。闻：闻达，此处非听也。

75. 士志于道

4.9 子曰："士志于道，而耻恶衣恶食者，未足与议也。"

【译文】

孔子说："君子虽志在高远，但又以破旧的衣服、粗劣的饭食为耻，这种人我没法跟他求真论道。"

【注释】

士：士的含义屡经变迁，原本是贵族子弟的通称，后来扩展到受过教育，有文化修养一类人的称呼，即知识分子，可译为君子。

恶（è）衣恶（è）食：破旧的衣服，粗劣的饭食。

76. 君子之于天下也

4.10 子曰:"君子之于天下也,无适也,无莫也,义之与比。"

【译文】

孔子说:"君子对待天下之事,没有什么非从不可的,也没有什么非不从不可的,一切要看他是否站在仁义的一方。"

【注释】

适:可,可以。

莫:不可,不可以。

义之与比:比:比肩,并立。正常句式应为"与义比",此处"义"字前置,表强调。

【参见】

《微子第十八》第8句。

77. 君子怀德

4.11 子曰："君子怀德，小人怀土；君子怀刑，小人怀惠。"

【译文】

孔子说："君子以修德成仁为终极追求，百姓以安居乐业为现实需求；君子治国，考虑的是法度，百姓生活，关心的是实惠。"

【注释】

怀：思念，怀念，引申为考虑，归向。

土：乡土，引申为生活。

刑：刑罚，引申为法度。

78. 放于利而行

4.12 子曰："放于利而行，多怨。"

【译文】

孔子说："唯利是从，必招致怨恨。"

【注释】

放：放纵，依照。

怨：人怨，怨人，均可。

79. 能以礼让为国乎

4.13 子曰："能以礼让为国乎？何有？不能以礼让为国，如礼何？"

【译文】

孔子说："能否依照礼让的精神治理国家？这有什么困难吗？如果治国不能体现礼让的精神，那徒有其仪文礼序又有何用？"

【注释】

礼让：让者，礼之实也。

为国：即治国。

何有：春秋时代书面常用语，有何困难吗？反问句。

如礼何：古汉语常用句式，当中插入代词或名词，意思是"把（什么）怎么样"，或"拿（什么）怎么办"。如礼何，意为如果抽掉礼让的实质，礼的形式还有什么用呢？

80. 不患无位

4.14 子曰："不患无位，患所以立；不患莫己知，求为可知也。"

【译文】

孔子说："不要担心没有你的职位，你的能力是否配位，这才是要担心的。不要担心没有人知道你，只要努力成就，方可扬名立万。"

【注释】

立：同"位"，配位。

求为：成就。

81. 吾道一以贯之

4.15 子曰："参乎！吾道一以贯之。"曾子曰："唯。"子出，门人问曰："何谓也？"曾子曰："夫子之道，忠恕而已矣。"

【译文】

孔子说："曾参！我的学说始终贯穿着一个基本观念。"曾子说："明白。"

孔子离开以后，别的同学问："这是什么意思？"曾子说："老师的思想，两个字就可以概括：忠与恕，做事忠诚，待人宽恕。"

【注释】

道：思想，学说。

唯：明白，知道了。

忠：忠诚，忠心，尽己之心谓"忠"。

恕：宽恕，饶恕，推己及人谓"恕"。

82. 君子喻于义

4.16 子曰："君子喻于义，小人喻于利。"

【译文】

孔子说："君子通晓道义，百姓只看重利益。"

【注释】

喻：晓喻，明了。

【顺义】

君子衣暖食饱，他们关心的是天下，要跟他们谈道义。百姓饥寒冻馁，他们关心的是眼下，要跟他们谈利益。

【参见】

《里仁第四》第 11 句。
《宪问第十四》第 23 句。

83. 见贤思齐焉

4.17 子曰："见贤思齐焉，见不贤而内自省也。"

【译文】

孔子说："看到贤德之人就向他学习，希望能和他一样优秀；看到品行不好的人，马上在内心省察，有没有跟他相似的毛病。"

【注释】

齐：同"等"，看齐。

焉：在此为语气助词。

内：内心。

省：省察，自省，反思。

【顺义】

内自省，意"不使不仁者加乎其身"。

【参见】

《公冶长第五》第27句。

84. 事父母几谏

4.18 子曰:"事父母几谏,见志不从,又敬不违,劳而不怨。"

【译文】

孔子说:"侍奉父母,劝谏也要轻声细语,婉转地表达自己的意见。若父母不听从,不要触犯他们,仍然恭敬如初,不辞辛苦,劳而无怨。"

【注释】

几谏:微言劝止。几:微。

见志:把自己的想法表达出来。见:同"现";志:指自己的意见。

违:冒犯,触忤。

85. 父母在，不远游

4.19 子曰："父母在，不远游，游必有方。"

【译文】

孔子说："父母在世，最好不出远门。出行的话，要往返如期。"

【注释】

方：法度，准则，引申为准时，按时，如期。

【顺义】

"方"，旧注多解为方向、方位，意思是一定要出门的话，要告知父母自己的去处。解字过于牵强，望文生义。

86. 三年无改于父之道

4.20 子曰："三年无改于父之道，可谓孝矣。"

【译文】

孔子说："能够做到父亲亡故三年之后，仍没有忘记父亲的教诲，可以称得上孝顺了。"

【参见】

《学而第一》第11句。

87. 父母之年，不可不知也

4.21 子曰："父母之年，不可不知也。一则以喜，一则以惧。"

【译文】

孔子说："父母亲的年龄，不可以不记住呀。一方面，因其高寿而欢喜；一方面，又因其衰老而恐惧。"

【注释】

知：通"识"，记住，记得。

88. 古者言之不出

4.22 子曰："古者言之不出，耻躬之不逮也。"

【译文】

孔子说："古时候的君子之所以不大讲话，是因为说出来做不到，会感到羞耻。"

【注释】

躬之不逮：意为行之不及，做不到。躬：身也；逮：及也。

89. 以约失之者鲜矣

4.23 子曰："以约失之者鲜矣。"

【译文】

孔子说："因寡言少语而犯错，这种情况极少。"

【注释】

约：约言，寡言少语。

90. 君子欲讷于言而敏于行

4.24 子曰:"君子欲讷于言而敏于行。"

【译文】

孔子说:"君子,说话要谨慎,做事要勤勉。"

【参见】

《学而第一》第14句

91. 德不孤，必有邻

4.25 子曰："德不孤，必有邻。"

【译文】

孔子说："有德行的人不会孤独，必有志同道合的人在他身边。"

【注释】

邻：邻居，亲近。

92. 事君数，斯辱矣

4.26 <u>子游</u>曰："事君数，斯辱矣；朋友数，斯疏矣。"

【译文】

子游说："进谏君王过于频繁，会招致君王的辱杀；劝告朋友过于琐碎，会导致朋友的疏远。"

【注释】

数（shuò）：表示多的意思。一般解为烦言，多嘴多舌，强聒不舍。

斯：这，这样。

辱：耻也，辱在词义上比耻要重，侮辱，辱杀。辱本指耕作，误了农时，耽搁了耕作大事，有杀头之罪。

公冶长第五

共 28 句

93. 子谓公冶长

5.1 子谓<u>公冶长</u>："可妻也。虽在缧绁之中，非其罪也！"以其子妻之。

【译文】

孔子评论公冶长说："可以把女儿嫁给他。虽然遭遇牢狱之灾，但他是清白的。"于是把自己的女儿嫁给他。

【注释】

缧绁（léixiè）：缧和绁都是捆人的绳索，指监狱。

子：儿子、女儿都可称为"子"，此处指女儿。

94. 子谓南容

5.2 子谓南容："邦有道，不废；邦无道，免于刑戮。"以其兄之子妻之。

【译文】

孔子评论南容说："如果世道清明，他肯定被重用；即使处在乱世，他也能保全性命。"于是把他哥哥的女儿嫁给他。

【注释】

不废：即有用，引申为任用。

【参见】

《泰伯第八》第 13 句。

95. 子谓子贱

5.3 子谓<u>子贱</u>："君子哉若人！<u>鲁</u>无君子者，斯焉取斯？"

【译文】

孔子评论子贱说："称得上君子的，就得像这个人这样！说鲁国没有君子的人，怎么解释子贱，他是如何获得这种品德的？"

【注释】

若人：像这个人。

斯焉取斯：第一个"斯"是斯人，指子贱；第二个"斯"，指君子之德。

96. 赐也何如

5.4 <u>子贡</u>问曰："<u>赐</u>也何如？"子曰："女器也。"
曰："何器也？"曰："瑚琏也。"

【译文】

子贡问孔子："您怎么评价我？"孔子说："打比方的话，你好比是一个器物。"

子贡又问："什么样的器物？"孔子说："瑚琏一样的宝器。"

【注释】

器：器具、器皿。

瑚琏：古代祭祀时盛粮食的器皿，相当尊贵。

【顺义】

这是孔子和子贡之间打趣的一段对话。对"器"的辩析，有说器与道相对，有"君子不器"佐证，孔子说子贡"女器也"，意为你的德行修为还达不到君子的要求。但我看不出孔子有对子贡贬损的意思，反而有欣赏之意。

97. 雍也仁而不佞

5.5 或曰:"雍也仁而不佞。"子曰:"焉用佞? 御人以口给,屡憎于人。不知其仁,焉用佞? "

【译文】

有人说:"冉雍是一仁人,可惜短于口才。"孔子说:"用得着巧言善辩吗? 言语争胜只会遭人憎恶。是你们不知道他仁义厚实,还用得着巧言狡辩吗? "

【注释】

佞(nìng):也有中性词义,甚至褒义,指口才捷利,巧言善辩。

御人以口给(kǒujǐ):意为在辩论中以锋利的言辞争胜或压过别人。御:驾驭;口给:口才敏捷。

98. 子使漆雕开仕

5.6 子使漆雕开仕。对曰："吾斯之未能信。"子说。

【译文】

孔子叫漆雕开去做官。他答道："对此我还没有信心。"孔子听了很满意。

【注释】

吾斯之未能信：倒装句，吾未能信斯。指当官这件事，还不能胜任。

说：同"悦"。

【顺义】

也可能是句玩笑话，孔子逗他的学生说，你去当官吧，漆雕开对老师说，我不信，你逗我的吧。孔子听了挺开心。师生亲密无间。

99. 道不行，乘桴浮于海

5.7 子曰："道不行，乘桴浮于海，从我者其<u>由</u>与？"<u>子</u><u>路</u>闻之喜。子曰："<u>由</u>也好勇过我，无所取<u>材</u>。"

【译文】

孔子说："反正我的主张也行不通了，我想坐个木筏子漂流海外，愿意跟随我的，恐怕只有仲由吧？"子路听到这话，有点激动了。孔子又说："要说勇敢，仲由比我强多了，缺点是不懂得裁度，分寸把握不好。"

【注释】

由：仲由，字子路。

桴（fú）：木筏。

材：同"裁"。

【顺义】

木筏是竹木编成的，木材的材，和人才的才同音，用材比才，指无人赏识取用。主张不能施行，那就跟我一样漂流吧。

100. 子路仁乎

　　5.8 孟武伯问："子路仁乎？"子曰："不知也。"又问，子曰："由也，千乘之国，可使治其赋也，不知其仁也。"

　　"求也何如？"子曰："求也，千室之邑、百乘之家，可使为之宰也，不知其仁也。"

　　"赤也何如？"子曰："赤也，束带立于朝，可使与宾客言也，不知其仁也。"

【译文】

　　孟武伯问："子路有仁德吗？"孔子说："我不知道。"他又问了一遍，孔子说："仲由嘛，有一千辆兵车这样的大国，交给他征兵修武没有问题。至于他有没有仁德，真的不知道。"

　　"那冉求呢？"孔子说："冉求嘛，千户人口的大城，兵车百辆的大户，交给他管理没有问题。至于他有没有仁德，真的不知道。"

　　"公西赤又怎么样呢？"孔子说："衣冠整肃，在朝堂上接待宾客，他也没问题。至于有没有仁德，我也不知道。"

【注释】

　　治其赋：赋即兵赋。

　　千室之邑：邑是附带有土地的居民聚落，十室可称"邑"。

　　百乘之家：诸侯有兵车千乘，卿大夫有百乘，故百乘指卿大夫。

宰：管理某一地方的行政长官称为"宰"。卿大夫的家臣也称为"宰"，意为管家，总管。

束带：腰带，指整肃衣冠之意。

与宾客言：代表国君或卿大夫接待外宾。国君的客人称为"宾"，一般为卿大夫，属贵客。

101. 女与回也孰愈

5.9 子谓子贡曰："女与回也孰愈？"对曰："赐也何敢望回？回也闻一以知十，赐也闻一以知二。"子曰："弗如也，吾与女弗如也。"

【译文】

孔子问子贡："你和颜回，哪一个更强些？"子贡答道："我哪敢跟颜回比？颜回知道一，可以推知到十，我知道一，勉强推知到二。"孔子说："确实是不如他。我跟你都不如他。"

【注释】

女：同"汝"。

愈：胜过，强过。

望：本义是向远处、高处看，望尘追迹。这里是说颜回学识高远，自己攀比不上。

102. 宰予昼寝

5.10 宰予昼寝，子曰："朽木不可雕也，粪土之墙不可杇也，于予与何诛！"子曰："始吾于人也，听其言而信其行；今吾于人也，听其言而观其行。于予与改是。"

【译文】

宰予白天睡大觉，孔子知道了，就说："腐朽的木头没法雕刻，用粪土糊的墙没法粉刷。对宰予这种人，斥责他又有何用！"孔子又说："起初我看人，是听了他的言语，就相信他说到做到。如今我看人，不光听他怎么说，还要看他怎么做。是宰予让我改变了识人的方法。"

【注释】

杇（wū）：涂抹，粉刷。

于予与何诛：对宰予这种人，骂他又有何用。予：指宰予；与；语气助词；诛：责也。

103. 吾未见刚者

5.11 子曰："吾未见刚者。"或对曰："申枨。"子曰："枨也欲，焉得刚？"

【译文】

孔子说："我没有见到过刚毅的人。"有人却说："你说你没有见过刚毅的人，申枨不就是吗？"孔子说："申枨个人欲望太多，怎么能做到刚毅呢？"

【注释】

枨：chéng。

【顺义】

人有欲则无刚，无欲则刚，刚则不屈。

104. 我不欲人之加诸我也

5.12 子贡曰："我不欲人之加诸我也，吾亦欲无加诸人。"子曰："赐也，非尔所及也。"

【译文】

子贡说："我不想别人强加意愿于我，我也告诫自己，不要强加意愿于人。"孔子说："端木赐，这是很难做到的啊。"

【注释】

加：强加于人。

非尔所及：不是你能做到的。"己所不欲，勿施于人"，是儒家思想中的重要内涵，有很高的境界，做到非常不易。故孔子说"非尔所及也"，并没有贬损子贡的意思。

105. 夫子之文章

5.13 子贡曰："夫子之文章，可得而闻也；夫子之言性与天道，不可得而闻也。"

【译文】

子贡说："老师讲诗书礼乐、古代文献，这些知识学问，听老师讲授就可以懂得；而关于人性和天命的道理，却不是可以言传的。"

【注释】

文章：诗书礼乐，古代典籍，也可指文教。

性：身心性命，生死。

可得而闻：即可得闻，可以听到。而：语气助词。

【顺义】

难解章句之一。可以理解为前一句讲的是知识，后一句讲的是哲学，性与天道，不是没讲，是听了以后还需要领悟，然后，"始可与言诗已矣"。

106. 子路有闻

5.14 子路有闻，未之能行，唯恐有闻。

【译文】

子路听到老师的教导，唯恐没有马上去做。

【注释】

闻：闻善，闻道，引申为教诲，教导。

【顺义】

难解章句之一。好些解说，把"唯恐有闻"之"有"训为"又"，意思是，听到一个道理，还没有来得及实践，唯恐又听到一个道理。这特别牵强。子曰："古者言之不出，耻躬之不逮也。"子路有一个难得的优点，就是听到夫子教诲，马上就去实行，闻道则行。所以两个"有闻"是文中重复，都是听到老师的教诲。顺畅的句式应该是：唯恐有闻，未之能行。

107. 孔文子何以谓之文也

5.15 <u>子贡</u>问曰："<u>孔文子</u>何以谓之文也？"子曰："敏而好学，不耻下问，是以谓之'文'也。"

【译文】

子贡问道："孔文子凭什么得到'文'的谥号呢？"孔子说："他勤奋好学，向比自己地位低的人请教，也不觉得羞耻，因此不愧为'文'的谥号。"

【注释】

不耻下问：不以下问为耻，向比自己地位低、知识少的人请教，不觉得羞耻。

谓之文：谥法解，学勤好问曰"文"。

108. 有君子之道四焉

5.16 子谓<u>子产</u>："有君子之道四焉：其行己也恭，其事上也敬，其养民也惠，其使民也义。"

【译文】

孔子评价子产："在他身上有四种君子的品行：立身行事恭谨端庄，侍奉君主遵礼尽忠，增进福利以养育人民，征发有度以节省民力。"

【注释】

焉：处所，指在其身上。

行己：立身行事。

109. 晏平仲善与人交

5.17 子曰:"晏平仲善与人交,久而敬之。"

【译文】

孔子说:"晏平仲善于跟人打交道,交往越久,人们越是敬重他。"

110. 臧文仲居蔡

5.18 子曰："臧文仲居蔡，山节藻棁，何如其知也？"

【译文】

孔子说："臧文仲给大蔡之龟盖了一间宫殿般的屋子，柱头斗拱有山型的雕刻，梁上短柱有水草图案，这都是天子祖庙的装饰。他这样聪明的人，怎么会做出这种事呢？"

【注释】

居蔡：使蔡居，使之居住。蔡：大龟名，因出于蔡地，故又名"蔡"。古人卜卦用龟，卜筮用蓍草。用龟，认为越大越灵，"蔡"便是这种大龟。

山节藻棁（zhuō）：节：柱头之斗拱。刻山于节，故曰山节；棁：梁上短柱。画藻于棁，故曰藻棁。山节藻棁，古者天子以饰庙，臧文仲用之，有僭越之嫌。

何如其知也：没有比他更聪明了吧，这是反话。何如其：没有比他更（怎么样）。

111. 令尹子文三仕为令尹

5.19 子张问曰："令尹子文三仕为令尹，无喜色；三已之，无愠色。旧令尹之政，必以告新令尹，何如？"子曰："忠矣。"曰："仁矣乎？"曰："未知，焉得仁？"

"崔子弑齐君，陈文子有马十乘，弃而违之。至于他邦，则曰：'犹吾大夫崔子也。'违之。之一邦，则又曰：'犹吾大夫崔子也。'违之，何如？"子曰："清矣。"曰："仁矣乎？"曰："未知，焉得仁？"

【译文】

子张问道："令尹子文三次出任令尹，没有喜色；三次被免职，没有怨言。自己当令尹时所推行的政策，一定传达给新令尹。这个人咋样？"孔子说："很忠诚。""够得上仁德吗？""那我不知道，这怎么能算仁德呢？"

子张又问："崔子弑杀了齐国国君，陈文子有十辆车驾，也丢下了，弃其禄位离开齐国。等到了别的国家，说这里的人跟我们的崔大夫一个德行，又离开。到了另一个国家，又说还是跟我们的崔大夫一个德行，又离开。这个人咋样？"孔子说："很清高。""够得上仁德吗？""那我可不知道，这怎么算得上仁德呢？"

【注释】

　　弑：臣杀君叫"弑"。

　　弃：放弃，弃其禄位。

　　违：离去。

　　清：清高，清白。三去乱邦，洁身自好。

112. 三思而后行

5.20 <u>季文子</u>三思而后行。子闻之，曰："再，斯可矣。"

【译文】

季文子遇事需反复思考后才会行动。孔子听到了，说："思考两次就可以了，尽快行动起来。"

【注释】

再：两次。上文说三思，孔子说两次就可以了，不要想来想去，要"敏于行"。

113. 邦有道，则知

5.21 子曰："宁武子，邦有道，则知；邦无道，则愚。其知可及也，其愚不可及也。"

【译文】

孔子说："国家政治清明的时候，宁武子聪明得很，一到国家昏乱，他看起来就像一个傻子。他的聪明，别人学得会，他装傻的本事，别人就学不会了。"

【注释】

知：同"智"，聪明。

愚不可及：佯愚似实，装傻，故曰不可及也。

114. 子在陈

5.22 子在陈，曰：“归与！归与！吾党之小子狂简，斐然成章，不知所以裁之。”

【译文】

孔子在陈国，说：“该回去啦！该回去啦！我老家的那些学生，心高气傲，才华似锦，我都不知道该如何调教他们了。”

【注释】

吾党之小子：党：乡党，指孔子老家鲁国；小子：门弟子。

狂简：志向高远而处事疏阔，不切实际。

斐然成章：斐然：富有文采；章：成幅的织锦。以织锦喻吾党小子才质既美，学问上又有长进。

不知所以裁之：所以：如何；裁：剪裁，引申为调教。承上句斐然成章，布帛剪裁才能成衣，人要调教才能成材。

115. 伯夷叔齐不念旧恶

5.23 子曰："伯夷叔齐不念旧恶，怨是用希。"

【译文】

孔子说："伯夷、叔齐这两个人，不管过去是谁得罪过他们，都不会耿耿于怀，所以他们内心的怨恨也很少。"

【注释】

不念旧恶：念：忆忆，引申为计较；旧恶：过去的结仇。

怨是用希：怨恨因此很少。是用：因此，"用是"的倒装；希：少，无。

【顺义】

"怨是用希"也可译为：因此别人对他们的怨恨也很少。

116. 孰谓微生高直

5.24 子曰:"孰谓微生高直? 或乞醯焉, 乞诸其邻而与之。"

【译文】

孔子说:"谁说微生高这个人心直? 有人向他要醋,他不直说没有,而是向邻居讨要了再给他。"

【注释】

醯(xī):米醋。

117. 巧言、令色，足恭

5.25 子曰："巧言、令色、足恭，<u>左丘明</u>耻之，<u>丘</u>亦耻之。匿怨而友其人，<u>左丘明</u>耻之，<u>丘</u>亦耻之。"

【译文】

孔子说："花言巧语，故作媚态，过分恭敬，左丘明以此为耻，我也以此为耻。把怨恨藏起来，却装作对别人很友好，左丘明以此为耻，我也以此为耻。"

【注释】

足恭：过分恭顺，表面恭顺，均可。

匿怨：心怀怨恨，深藏不露。匿：隐藏，

【参见】

《学而第一》第3句。

118. 颜渊季路侍

5.26 颜渊 季路侍。子曰："盍各言尔志？"

子路曰："愿车马衣轻裘，与朋友共，敝之而无憾。"

颜渊曰："愿无伐善，无施劳。"

子路曰："愿闻子之志。"

子曰："老者安之，朋友信之，少者怀之。"

【译文】

颜渊、季路两人侍立在老师座位旁边。孔子说："你们何不说说自己的志愿？"

子路说："我自愿把自己的车马、衣服、皮袍跟朋友们共享，用坏了也不可惜。"

颜渊说："不要夸耀自己如何善良，不要让百姓辛苦劳作。"

子路说："想听听老师您的志愿。"

孔子说："老者安享天年，朋友相互信任，幼小得到关怀。"

【注释】

侍：侍侧，侍坐，站在或坐在尊者旁边。

盍（hé）：何不。

车马衣轻裘：或衣为衍文，或轻为衍文，比较顺畅。车、马、衣、裘并列。

敝：破旧，破烂。

伐善：夸耀自己的长处。伐：自夸。

施：实行，引申为给予，施加。施劳：把劳作加到百姓身上。

安之，信之，怀之："之"可以不予注解，即老者安，朋友信，少者怀。

119. 吾未见能见其过而内自讼者

5.27 子曰："已矣乎，吾未见能见其过而内自讼者也。"

【译文】

孔子说："好了吧，我还没有见到那些明白知道自己有错并在内心反省自责的人。"

【注释】

已矣乎：感叹，算了吧，好了吧。

内自讼：内：内心；讼：责也。自讼即自省。

【参见】

《里仁第四》第17句。

120. 十室之邑

5.28 子曰："十室之邑，必有忠信如<u>丘</u>者，<u>焉</u>不如<u>丘</u>之好学也。"

【译文】

孔子说："即使只有十户人家的小村子，那里也一定有像我一样忠信的人，但论起勤学好问，他们都不如我。"

【注释】

十室之邑：只有十户人家的小村子。

焉：而，表转折。

【顺义】

焉字，如果属上句，焉字后断句，更好解释，焉为处所，指十室之邑。

雍也第六

共 30 句

121.雍也可使南面

6.1 子曰："雍也可使南面。"

【译文】

孔子说："冉雍这个人可以出来做官。

【注释】

南面：古代以坐北朝南为尊位，天子、诸侯见群臣，卿大夫见僚属，皆面南而坐。

【顺义】

此句隐含之意是，以冉雍之德行修为，是可以做官治理百姓的。有言："凡人有此一德者，足以南面称孤矣。"

122. 仲弓问子桑伯子

6.2 仲弓问子桑伯子，子曰："可也，简。"

仲弓曰："居敬而行简，以临其民，不亦可乎？居简而行简，无乃大简乎？"子曰："雍之言然。"

【译文】

仲弓问如何评价子桑伯子，孔子说："还可以，做事论事简明扼要。"

仲弓说："存心恭敬，做事简要，用这样的方式对待民众，不也很好吗？但不能思想简单，做事随意，那就太草率了。"孔子说："此话有理。"

【注释】

简：简省，不烦为简。

居敬：意为慎独，自律甚严，戒慎遵礼。居：燕居独处；敬：恪守礼法。

无乃大简乎：无乃：反问词，岂不是；大：同"太"。

123. 弟子孰为好学

6.3 哀公问：“弟子孰为好学？”孔子对曰：“有颜回者好学，不迁怒，不贰过，不幸短命死矣。今也则亡，未闻好学者也。”

【译文】

鲁哀公问：“你的学生中，哪个最好学？”孔子回答道：“有个叫颜回的学生最好学，不迁怒别人，同样的错误，不会犯第二次，不幸的是短命死了。现在再没有这样的人了，再也没听说有谁像他一样好学。”

【注释】

贰过：重复以前的过错。通俗的说法是，不长记性，又犯同样的错误。贰：复也。

【参见】

《先进第十一》第6句。

124. 子华使于齐

6.4 子华使于齐，冉子为其母请粟，子曰："与之釜。"
请益。曰："与之庾。"
冉子与之粟五秉。
子曰："赤之适齐也，乘肥马，衣轻裘。吾闻之也，君子
周急不继富。"

【译文】

子华出使齐国，冉子为子华的母亲向孔子申请小米作为补助。孔
子说："给她一釜吧。"

冉子请求增加一些。孔子说："那就给她一庾。"

冉子最后竟然给了她五秉。

孔子说："公西赤到齐国去，坐着高头大马的车驾，穿着轻软漂
亮的皮袍。而我听说过，只需帮助那些急需救济的人，无需使富人富
上加富。"

【注释】

子华：姓公西，名赤，字子华。

釜，庾，秉：均为古代计量单位之一种，简单理解，秉最大，
庾次之，釜最小。

周急不继富：周：同"赒"。周和继均为救济之意。

125. 原思为之宰

6.5 <u>原思</u>为之宰，与之粟九百，辞。子曰："毋，以与尔邻里乡党乎！"

【译文】

原思做孔子的管家，孔子给他小米九百作为年俸，他认为太多了，不肯接受。孔子说："别不要！你可以把它分给你的邻居和乡亲们嘛！"

【注释】

粟九百：这里没有量词，九百是多少，不可考。从文意中看得出，是比较多的。

毋（wú）：表示禁止或劝阻，相当于"不要"。

126. 子谓仲弓

6.6 子谓<u>仲弓</u>，曰："犁牛之子骍且角，虽欲勿用，山川其舍诸？"

【译文】

孔子评论仲弓道："耕牛的幼崽有着棕红的毛色，还长着对称的双角，虽然人们并不想把它用作祭祀的牺牲，但山川之神怎么会放弃如此纯粹高贵的品种呢？"

【注释】

仲弓：即冉雍，家贫，以牧为业，人称"犁牛氏"。虽说出身微贱，通过学习和修养，德才达到很高的水平。与冉耕、冉求，皆在"孔门十哲"之列，世称"一门三贤"。

骍且角：骍：红色。周人尚赤，祭祀用的牛须为纯红色。角：此处为形容词，两角长得很周正。"骍且角"，喻仲弓品质高贵。

山川其舍诸：山川之神难道会舍弃它吗？难道会不用它吗？山川：山川之神。其：表推测，难道会吗？诸：代词，相当于"之"或"其"。

127. 回也，其心三月不违仁

6.7 子曰："回也，其心三月不违仁，其余则日月至焉而已矣。"

【译文】

孔子说："颜回呀，其心守道不迁，可以三月之久依礼躬行，持之以恒。别的学生嘛，就像日升月落，偶尔想起一下罢了。"

【注释】

三月：言长久，"三月不违仁"，是赞颜回持之以恒。

其余则日月至焉：其余：别的学生。日月：也非指一日一月，意为偶尔、不常，看到日月才想起，并非心心念念。

【顺义】

"君子无终食之间违仁"，讲的都是须臾不可离失仁德之义。

【参见】

《里仁第四》第5句。

128. 仲由可使从政也与

6.8 季康子问："仲由可使从政也与？"子曰："由也果，于从政乎何有？"

曰："赐也可使从政也与？"曰："赐也达，于从政乎何有？"

曰："求也可使从政也与？"曰："求也艺，于从政乎何有？"

【译文】

季康子问："仲由这人，可以用他治理政事吗？"孔子说："仲由处事果断，让他搞管理，有什么不可以？"

又问："端木赐这个人，可以用他治理政事吗？"孔子说："端木赐通达事理，让他搞管理，有什么不可以？"

又问："那冉求呢，可以用他治理政事吗？"孔子说："冉求多才多艺，让他搞管理，有什么不可以？"

【注释】

何有：反问句，意为有什么不可以，有什么问题吗。

129. 季氏使闵子骞为费宰

6.9 季氏使闵子骞为费宰，闵子骞曰："善为我辞焉。如有复我者，则吾必在汶上矣。"

【译文】

季氏征召闵子骞做费城的主管。闵子骞对来人说："请设法替我辞掉吧！如果再来找我的话，我就躲到汶上去了。"

【注释】

费（bì）宰：费：季氏在鲁国的私邑；宰：主管。

善：最好，设法。

复我：意为再来召我。复：再。

在汶上：在汶上，就是到汶上，意为躲避到齐国去。汶：水名，汶河，齐鲁两国的界河。

130. 伯牛有疾

6.10 <u>伯牛</u>有疾，子问之，自牖执其手，曰："亡之，命矣夫！斯人也而有斯疾也！斯人也而有斯疾也！"

【译文】

伯牛染上恶疾，弥留之际孔子来慰问他，从窗外握着他的手说："看来是不行了，这就是命啊！这么好的人也会得这么不好的病啊！这么好的人也会得这病啊！"

【注释】

牖：窗。

亡之：快要死了，没救了。亡：死也；之：代词，指伯牛。

斯人也而有斯疾也：而：表转折，有加强意，竟然也，居然也。

131. 贤哉，回也

6.11 子曰："贤哉，回也！一箪食，一瓢饮，在陋巷，人不堪其忧，回也不改其乐。贤哉，回也！"

【译文】

孔子说："真是贤人啊，颜回！一筐笋饭，一瓢水，住在破陋的街巷里，别人不能忍受这份清苦，颜回却能悠然自得。真贤人啊，颜回！"

【注释】

箪（dān）：竹器，圆形，类似笸箩，用来盛物。

瓢：由匏瓜对半剖开而制成，用来舀水或盛水。

陋巷：犹言陋室。陋：简陋。

【参见】

《述而第七》第16句。

132. 非不说子之道

6.12 <u>冉求</u>曰："非不说子之道，力不足也。"子曰："力不足者，中道而废，今女画。"

【译文】

冉求说："并非我不信服老师您所讲的道理，只是我心有余而力不足啊。"孔子说："能力不够的人，走不动了可以停在半道上啊，而你现在是画地为牢，不肯迈步。"

【注释】

说：同"悦"，引申为信服。

中道而废：意同半途而废。废：弃置，中止。

今女画：意为画地为牢。女：同"汝"；画：界也。

133.女为君子儒

6.13 子谓子夏曰："女为君子儒，无为小人儒。"

【译文】

孔子对子夏说："你要做大先生，不要只做教书匠。"

【注释】

女：同"汝"。

儒：柔也，术士之称，初为办理丧葬事务的神职人员，后多指受过教育、有知识学问的人。以儒为名的儒家思想，是春秋战国时代以孔子、孟子为代表的核心文化。

【顺义】

小人儒，并没有贬义，孔子对子夏有更高的要求，要做德才兼备的人师。

134. 子游为武城宰

6.14 <u>子游</u>为<u>武城</u>宰，子曰："女得人焉尔乎？"曰："有<u>澹台灭明</u>者，行不由径，非公事，未尝至于<u>偃</u>之室也。"

【译文】

子游做了武城的主管。孔子问："你在此地得到什么人才了吗？"子游回答："有个叫澹台灭明的人，走路不插小道，不是公事，从不到我屋里来。"

【注释】

焉尔：于此。

行不由径：只走正路，非公事不见卿大夫，代表其人正直，不苟且。由：经从，经由；径：小路。

偃：即子游。子游姓言，名偃，字子游。

135.孟之反不伐

6.15 子曰："孟之反不伐，奔而殿，将入门，策其马，曰：'非敢后也，马不进也。'"

【译文】

孔子说："孟之反从不自夸，鲁军败退时，他断后掩护，将进城门，他鞭打着自己的马说：'不是我敢于殿后，实在是因为这马不肯快跑呀！'"

【注释】

伐：自夸。

奔而殿：奔：溃退奔逃；殿：断后掩护。

136. 不有祝鮀之佞

6.16 子曰："不有祝鮀之佞，而有宋朝之美，难乎免于今
之世矣。"

【译文】

孔子说："现在朝堂得势的，不是祝鮀这样的佞臣，就是宋朝这
样的嬖幸，当今之世祸乱灾殃，恐怕很难躲避了。"

【注释】

祝鮀（tuó）之佞：祝鮀，卫国大夫，以能言善辩受宠于卫灵公。

宋朝之美：宋朝，本为宋国公子，后出奔卫国，为卫大夫，因美
貌见爱于卫灵公母亲和夫人南子，并由此引发一连串祸乱。

137. 谁能出不由户

6.17 子曰："谁能出不由户？何莫由斯道也？"

【译文】

孔子说："谁能够不经过房门走出房间呢？又有谁能够不遵循必由之路呢？"

【注释】

户：房门，一扇曰户，两扇曰门。

何：何人。上句言谁，下句言何，互训。

138. 质胜文则野

6.18 子曰："质胜文则野，文胜质则史。文质彬彬，然后君子。"

【译文】

孔子说："实质内容多于文采修饰未免显得粗鄙，文饰多于内容又未免浮夸。做到文质兼备，才能成为君子。"

【注释】

野：粗野，鄙陋。城外为郊，郊外为野，古称乡下人为"野人"，并非贬义，少文而已。

史：浮夸，虚饰。史乃"巫祝卜史"之一，巫史以歌舞娱神，以巧言媚神，擅于策划浮华铺张的礼仪，惯于使用高尚华丽的辞藻，故"史"为华而不实之代称。

文质彬彬：文雅，美盛，文质兼备的样子。彬彬：犹斑斑，物相杂而适均。

【顺义】

另一种译文是对人的评价，也可取：本质好但缺少修养，会显得粗野；才具好而品德不够，则显得矫饰。

139. 人之生也直

6.19 子曰："人之生也直，罔之生也幸而免。"

【译文】

孔子说："立身处世就应该正直和真诚，在欺瞒和谎言中度过一生，就算苟活，只能说他侥幸而避免了祸患。"

【注释】

也：语气助词，表强调，就是，就应该是。

罔：诬罔，欺骗。

幸而免：幸：侥幸；免：免祸。

【顺义】

生：很多注本都解为性，"人之生"译为人性本直，"罔之生"译为丧失本性。感觉牵强，不如用字面义，立身处世，更直接通畅。

140. 知之者不如好之者

6.20 子曰："知之者不如好之者，好之者不如乐之者。"

【译文】

孔子说："需要学习不如喜爱学习，喜爱学习又不如以学习为快乐。"

【顺义】

"之"是代词，没有特指是什么，这里把"学习"代进去，是因为孔子强调学习。当然，把"仁德"代进去也是可以的：知道仁德不如喜爱仁德，喜爱仁德，不如以行仁德之事为快乐。

141. 中人以上，可以语上也

6.21 子曰："中人以上，可以语上也；中人以下，不可以语上也。"

【译文】

孔子说："道德学问在普通人以上，可以让他设定更高的目标；而在普通人以下，就没有必要设定太高的目标了。"

【注释】

中人：居于上智和下愚之间，故名"中人"，指普通人。

语上：语：告诉；上：更高的目标。

【顺义】

反过来说："取乎其上，得乎其中；取乎其中，得乎其下；取乎其下，则无所得矣。"与此句互文。

142.樊迟问知

6.22 樊迟问知。子曰:"务民之义,敬鬼神而远之,可谓知矣。"

问仁。曰:"仁者先难而后获,可谓仁矣。"

【译文】

樊迟问什么是智慧。孔子说:"专心于做对人民有益的事情,按礼法的要求祭祀鬼神就可以了,没必要天天围着鬼神转,这样才称得上明智。"

又问什么是仁德。孔子说:"仁德的人,都是先付出艰难的努力,而后有成就,这才称得上仁德。"

【注释】

务民之义:致力于使人民各得其宜。务:致力于;义:宜也,民之义即民之所宜。

先难而后获:难,艰难困苦,引申为努力;获:利益,收获,引申为成就。

【顺义】

"先难而后获",另一种译法更有意味:先于他人做难做之事,后于他人受论功之赏。

143. 知者乐水，仁者乐山

6.23 子曰："知者乐水，仁者乐山。知者动，仁者静。知者乐，仁者寿。"

【译文】

孔子说："有智慧的人都喜欢水，有德行的人都喜欢山。智者好动，仁者沉静。也因为此，智者快乐，仁者长寿。"

【顺义】

知（智）与仁，水与山，动与静，乐与寿，都是互文，相互解释，相互映衬。

144. 齐一变，至于鲁

6.24 子曰："齐一变，至于鲁；鲁一变，至于道。"

【译文】

孔子说："由齐国的霸业发展变化，到了鲁国王道治国；再由鲁国向上升华，就是天下大同。"

145. 觚不觚

6.25 子曰：“觚不觚，觚哉！觚哉！”

【译文】

孔子说：“现在这个觚已经不像个觚了。唉，觚啊！觚啊！”

【注释】

觚（gū）：盛酒之礼器，上圆下方，底与口偏大，腹部及足部作四棱、六棱、八棱不等。觚的形制变化，引起孔子的感叹，喻不复旧制，不合古法，礼之衰颓，义之肴乱。

146. 仁者，虽告之曰井有仁焉

6.26 宰我问曰："仁者，虽告之曰井有仁焉，其从之也？"子曰："何为其然也？君子可逝也，不可陷也；可欺也，不可罔也。"

【译文】

宰我问道："一个追求仁德的人，倘若有人告诉他，可能触犯法律，但可以实现仁善的目的，他会听从吗？"孔子说："君子怎么会这样做呢？如果遇到这种情况，应该躲得远远的，万不可陷入法网；别人可以欺骗你，你却不可丧失理智。"

【注释】

井有仁焉：谓动机虽好，却明知其事犯法。井：同"阱"，井者法也，刑也。

可逝也，不可陷也：逝：往而不返，引申为走避，躲远；陷：陷入，掉入陷阱，引申为违法犯罪。

可欺也，不可罔也：欺：欺哄，诓骗；罔：迷惑，丧失理智。

【顺义】

很多注本都将"井有仁焉"之"井"直解为水井，又将"仁"曲解为仁人，意为有仁人掉进井里，你是不是要跳下去相救。此解太牵强。为什么要跳下去呢？在井边上施救不可以吗？而且，为什么要走避躲远，不去施救呢？王曦辨析有道理，吾从王。

147. 君子博学于文

6.27 子曰："君子博学于文，约之以礼，亦可以弗畔矣夫。"

【译文】

孔子说："君子应广泛阅读经典以丰富学识，用礼仪规范约束自己的行为，这样就不会离经叛道。"

【注释】

畔：同"叛"，意为叛道，背道。

148. 子见南子

6.28 子见南子，子路不说。夫子矢之曰："予所否者，天厌之！天厌之！"

【译文】

孔子去拜见南子，子路对此很不高兴。孔子发誓说："我要是做了见不得人的事，就让老天惩罚我吧！老天会惩罚我的！"

【注释】

南子：卫灵公夫人，干政，且有淫行。

矢之：意即为此发誓。矢：发誓。

予所否者：我所否定的事，意为我要是做了我都认为不道德的事。

天厌之：意为遭天谴。厌：厌弃。

149. 中庸之为德也

6.29 子曰："中庸之为德也，其至矣乎！民鲜久矣。"

【译文】

孔子说："中庸之德，无过无不过，这是至高无上的境界，一般人很难持久地把握住这个分寸。"

【注释】

中庸：孔子的最高道德标准，极难做到。中：居中；庸：平常，意为无过无不过。

民鲜久矣：意为这种中和平衡的能力，很难把握得住。

【顺义】

很多注本理解"民鲜久矣"，说人们缺乏这种思想已经很久了。那就是说从前有过，现在丧失了，说不通。还是王曦的辨析好，吾从王。

150. 如有博施于民而能济众

6.30 子贡曰："如有博施于民而能济众，何如？可谓仁乎？"子曰："何事于仁，必也圣乎！尧舜其犹病诸！夫仁者，己欲立而立人，己欲达而达人。能近取譬，可谓仁之方也已。"

【译文】

子贡说："广泛地施惠于民，普遍地周济大众，怎么样？可以说是仁德了吗？"孔子说："这哪里只是仁德，称得上圣人了！连尧、舜都难做到。仁者的风范是，自己希望有所建树，也成全他人，自己希望有所成就，也成就他人。能够推己及人，为他人着想，就是修行立德的好方法。"

【注释】

何事于仁：何止是仁啊。何事：何止，乃疑问句表否定义。

尧舜其犹病诸：其：大概，或许，表推测；病：遗憾，缺憾；诸：之，代词，即"博施于民而能济众"这件事；病诸：做不到这样。

能近取譬：近取譬，解为就近取法。取譬：以此喻彼，比喻推己及人，为他人着想，不强人所难。

仁之方：即力行仁德的方法，进德修业的路径。方：方法，途径，准则。

【参见】

《宪问第十四》第42句。

述而第七

共38句

151. 述而不作，信而好古

7.1 子曰：“述而不作，信而好古，窃比于我<u>老彭</u>。”

【译文】

孔子说：“我只阐述前人学说，自己并没有著作，我信奉的是古人之道，喜爱古代的文化，有人拿我和老彭相比。”

【注释】

述而不作：述，传旧而已；作，创始也。孔子自谦的说法。

老彭：商代的贤大夫彭祖。

152. 默而识之，学而不厌

7.2 子曰："默而识之，学而不厌，诲人不倦，何有于我哉？"

【译文】

孔子说："专心致志，聚精会神，努力学习不觉得满足，教导学生不知道疲倦，还有谁做得比我更好呢？"

【注释】

默而识之：专心致志，纯熟其学。识：知也。

【顺义】

很多注本将"默而识之"解为将知识见闻默记在心，过于简单。孔子从识、学、诲三个方面，树立了君子践行的标杆。默识，非谓不言而存之于心。对于学问，须安静洗心，专心致志。

153. 德之不修，学之不讲

7.3 子曰："德之不修，学之不讲，闻义不能徙，不善不能改，是吾忧也。"

【译文】

孔子说："品德不去修养，学问不去讲求，仗义的事不能亲身赴之，有缺点不能改正，这些都是我所忧虑的。"

【注释】

徙：迁移，这里指徙而从之。

【顺义】

孔子四忧。

154. 子之燕居

7.4 子之燕居，申申如也，夭夭如也。

【译文】

孔子闲居时，舒坦而适意。

【注释】

燕居：退朝而处，闲居。古代自天子至士，都有正寝和燕寝，正寝是斋戒或患病时居住的房间，燕寝则是平常起居的房间。

申申：衣冠整敕貌。

夭夭：神态和舒貌。

155. 甚矣吾衰也

7.5 子曰：“甚矣吾衰也！久矣吾不复梦见<u>周公</u>。”

【译文】

孔子说：“我真的是老了啊！我已经很久没有梦见周公了！”

【注释】

周公：姬旦，周文王的儿子，武王的弟弟，成王的叔父，鲁国的始祖，孔子最敬服的古代圣贤之一。

156. 志于道，据于德

7.6 子曰："志于道，据于德，依于仁，游于艺。"

【译文】

孔子说："有真理的指引，有德性的根据，有仁爱的依靠，娴熟地掌握礼、乐、射、御、书、数各种技能。"

【注释】

道、德：道：普世共通的真理，万物演化的规律；德：德性、品行，遵行正道的准绳。

艺：或指"六艺"：礼、乐、射、御、书、数。

157. 自行束脩以上

7.7 子曰："自行束脩以上，吾未尝无诲焉。"

【译文】

孔子说："自行见师之礼，只要不低于十条干肉，我没有不收教的。"

【注释】

束脩：一般都解作十条肉脯。古代学生与教师初见面时，必先奉赠礼物，表示敬意，名曰"束脩"。后来成了拜师费、学费的代称。

"束脩"的第二种解读是"束修"，脩，同"修"，是修的繁体字，即束带修饰。古人年满十五始为成人，不能再像垂髫小儿披头散发，须用束带把头发扎起。贵族在十五岁时还要举行"束修"之礼，即成人礼，可用"行束修"称之。此句也可理解为：十五岁以上，凡来向我求学的，我没有不收教的。孔子自己也是"十五而志于学"。

158. 不愤不启，不悱不发

7.8 子曰："不愤不启，不悱不发，举一隅不以三隅反，则不复也。"

【译文】

孔子说："教导学生，不到他想求明白而不得的时候，不去开导他；不到他想表达却说不出来的时候，不去启发地。教给他一个方面的知识，不能推知另外三个方面，就不要再往下进行了。"

【注释】

愤：心求通而不得之意。

悱（fěi）：口欲言而未能之貌。

隅（yú）：角落。四隅，指四角，或四个方向。此处指几个方面。

不复：不再。复：反复，往返。

159. 子食于有丧者之侧

7.9 子食于有丧者之侧，未尝饱也。

【译文】

孔子在死人亲属旁边吃饭的时候，从来不吃饱。

【顺义】

孔子早期固定职业就是替人办丧事，故称之为"儒"。

160. 子于是日哭，则不歌

7.10 子于是日哭，则不歌。

【译文】

孔子如果在这一天为人吊丧哭泣过，就不再唱歌。

【顺义】

承上句"子食于有丧者之侧，未尝饱也"。

161. 用之则行，舍之则藏

7.11 子谓<u>颜渊</u>曰："用之则行，舍之则藏，惟我与尔有是夫！"

<u>子路</u>曰："子行三军，则谁与？"

子曰："暴虎冯河，死而无悔者，吾不与也。必也临事而惧，好谋而成者也。"

【译文】

孔子对颜渊说："用我，我就出山，不得用就退隐，只有我和你能做到吧！"

子路说："你如果率领军队，又和谁在一起呢？"

孔子说："空手打虎，徒步过河，这样死了都不后悔的人，我决不和他在一起。面临任务谨慎恐惧，思考周密而能争取胜利的人，我才和他在一起。"

【注释】

行：为也，引申为率领。

则谁与：则与谁。与：跟随。

暴虎冯（píng）河：徒手搏虎曰暴虎，徒足涉河曰冯河。

【顺义】

子路好勇逞强，见孔子夸奖颜渊，心里不爽，便发此问。

162. 富而可求也，虽执鞭之士

7.12 子曰："富而可求也，虽执鞭之士，吾亦为之。如不可求，从吾所好。"

【译文】

孔子说："富贵如果追求可以得到，就算做个执鞭清道夫，那我也干。如果求之不得，那就还是干我自己喜欢干的事好了。"

【注释】

而：用法同"如"，假设连词。

执鞭之士：古代天子以及诸侯出入时，有士卒拿着皮鞭驱使行人让道。

163. 子之所慎

7.13 子之所慎：齐，战，疾。

【译文】

孔子慎重对待的事有三样：祭祀，战争，疾病。

【注释】

齐：同"斋"。古代祭祀之前，先要做一番身心的整洁工作，这一工作便叫"斋"，或叫"斋戒"。

164. 子在齐闻韶

7.14 子在齐闻韶，三月不知肉味，曰："不图为乐之至于斯也。"

【译文】

孔子在齐国听了《韶》乐的演奏，很久尝不出肉的滋味，说："想不到音乐竟能达到如此境界。"

【注释】

不图：不料，没有想到。

165. 夫子为卫君乎

7.15 冉有曰："夫子为卫君乎？"子贡曰："诺，吾将问之。"

入，曰："伯夷叔齐何人也？"曰："古之贤人也。"曰："怨乎？"曰："求仁而得仁，又何怨？"

出，曰："夫子不为也。"

【译文】

冉有说："老师会赞同卫君吗？"子贡道："好吧，我去问问他。"

进到孔子屋里，问道："伯夷、叔齐是什么样的人？"孔子说："都是古代的贤人。"子贡道："他们后不后悔？"孔子说："他们求仁德，得到了仁德，已经是对自己最大的奖赏，还有什么怨悔呢？"

子贡出来后说："老师不赞同卫君。"

【注释】

为：赞成。

【顺义】

句中省略了卫君与其父争夺卫国国君这件事，和伯夷、叔齐兄弟相让，都抛弃了君位相比，高下立判。

166. 饭疏食饮水，曲肱而枕之

7.16 子曰："饭疏食饮水，曲肱而枕之，乐亦在其中矣。不义而富且贵，于我如浮云。"

【译文】

孔子说："吃粗粮，喝生水，弯着胳膊当枕头，快乐就在其中。用不正当手段得来的财富和官位，对于我，就像天上的浮云一样。"

【注释】

疏食：粗粮，糙米。

水：古代"汤""水"对言，汤是热水，水是凉水。

肱（gōng）：胳膊。

【参见】

《雍也第六》第 11 句。

167. 加我数年，五十以学易

7.17 子曰："加我数年，五十以学易，可以无大过矣。"

【译文】

孔子说："再给我数年时间，从五十岁开始，把《易经》搞通了，人生就不会有大的过错了。"

【注释】

易：《易经》，古代一部用于占筮的书。

168. 子所雅言

7.18 子所雅言，诗、书、执礼，皆雅言也。

【译文】

孔子所指的标准语言，像《诗经》《尚书》和礼仪官所使用的语言，都属于标准语言。

【注释】

雅言：即普通话。雅：常也。春秋时代各国语言不统一，当时较为通行的语言便是"雅言"。

执礼：执守礼制，这里指礼仪官所使用的语言。

169. 叶公问孔子于子路

7.19 叶公问孔子于子路，子路不对。子曰："女奚不曰，其为人也，发愤忘食，乐以忘忧，不知老之将至云尔。"

【译文】

叶公问子路，孔子是什么样的人，子路不知道如何回答。孔子说："你怎么不这样说呢：他这个人，用起功来便忘记吃饭，自得其乐而忘记忧愁，都不知道自己快要老了，如此等等。"

【注释】

云尔：而已，罢了。

170. 我非生而知之者

7.20 子曰："我非生而知之者，好古，敏以求之者也。"

【译文】

孔子说："我不是生来就有知识的，只是我爱好古代文化，是一个勤奋好学、努力求知的人。"

171.子不语怪、力、乱、神

7.21 子不语怪、力、乱、神。

【译文】

孔子不谈怪异、暴力、叛乱、鬼神。

【顺义】

怪对常，力对德，乱对治，神对人：圣人语常而不语怪，语德而不语力，语治而不语乱，语人而不语神。

172. 三人行，必有我师焉

7.22 子曰："三人行，必有我师焉。择其善者而从之，其不善者而改之。"

【译文】

孔子说："三人同行，其中一定有值得我学习的人。我选择他们的优点而学习，看到他们的缺点，如果我身上也有，就改掉。"

173. 天生德于予

7.23 子曰："天生德于予，<u>桓魋</u>其如予何？"

【译文】

孔子说："上天给了我高贵的品德，桓魋又能把我怎么样？"

【注释】

桓魋（tuí）：宋国司马。孔子去晋适宋，宋司马欲赶杀之，孔子说此话。

【参见】

《子罕第九》第 5 句。

174. 二三子以我为隐乎

7.24 子曰："二三子以我为隐乎? 吾无隐乎尔。吾无行而不与二三子者，是丘也。"

【译文】

孔子说："你们这些小子，还以为我有什么隐瞒而没有教给你们的吗? 我对你们没有一点隐瞒，这是我孔丘的为人。"

【注释】

二三子：这里指孔子的学生们。

无行：就是没有这种行为。

175. 子以四教

7.25 子以四教：文、行、忠、信。

【译文】

孔子从四个方面教育学生：学问、品行、诚心、信义。

【注释】

文：广义的知识，学问。

行："文人多无行"的"行"，指品行。

忠：对一事一物无不尽力谓之"忠"，指治学的态度，诚意正心。

信：信义，育儿教子，立信为先，指内心的修养，人格的造就。

176. 圣人，吾不得而见之矣

7.26 子曰："圣人，吾不得而见之矣；得见君子者，斯可矣。"

子曰："善人，吾不得而见之矣；得见有恒者，斯可矣。亡而为有，虚而为盈，约而为泰，难乎有恒矣。"

【译文】

孔子说："圣人，我是看不到了，只要见到德行兼备的人，就可以了。"

孔子说："善人，我也看不到了，只要见到始终如一的人，就可以了。没有装作有，空虚装成充实，穷困还要装富足，是很难装到底的。"

【注释】

约：本义为绳子，引申为约束，俭约，再引申为贫困。
泰：大之极，奢侈，宽裕。

177. 子钓而不纲

7.27 子钓而不纲，弋不射宿。

【译文】

孔子钓鱼，但不用绳网捕鱼，也从来不射栖宿巢中的鸟。

【注释】

钓：用一竿挂一钩来取鱼。

纲：动词，网上的大绳叫"纲"，悬挂很多钩子，将大绳横遮于水面，可以捕获更多的鱼。

弋（yì）：用带有绳子的箭射鸟。

宿：歇宿了的鸟。

【顺义】

取物以节，不妄杀滥捕。

178. 盖有不知而作之者

7.28 子曰："盖有不知而作之者，我无是也。多闻，择其善者而从之；多见而识之，知之次也。"

【译文】

孔子说："有那么一种人，不懂装懂，我可不是那种人。要多听，选择其中好的而遵行；要多看，且有自己的见解，这就是认知的次序过程。"

【注释】

盖：在此句中是虚词，同古文中的"夫""曰若"，先叙结果，再说原因，常加一"盖"字。

识：认识，见解。

次：次序，过程。

【顺义】

很多注本将"次"解作次一等，孔子说过："生而知之者，上也；学而知之者，次也。"此句解为次序，文意更顺畅。

179.互乡难与言

7.29 <u>互乡</u>难与言，童子见，门人惑。子曰："与其进也，不与其退也，唯何甚？人洁己以进，与其洁也，不保其往也。"

【译文】

互乡这个地方的人很难讲话。有一个少年求见孔子，孔子见了，弟子们很是疑惑。孔子说："要鼓励他们上进，不要任由他们不思进取。何必那么苛责呢？这少年洁身自好，要看到他的上进心，不要盯着他们的过去。"

【注释】

与其进：鼓励他进步。与：当"许"字讲，称许，赞许。

唯何：何必。

保：守也，此处意为死盯住。

180. 仁远乎哉

7.30 子曰："仁远乎哉？我欲仁，斯仁至矣。"

【译文】

孔子说："仁德很遥远吗？只要我追求仁德，仁德就会到我身边。"

181. 昭公知礼乎

7.31 陈司败问："昭公知礼乎？"孔子曰："知礼。"

孔子退，揖巫马期而进之，曰："吾闻君子不党，君子亦党乎？君取于吴，为同姓，谓之吴孟子。君而知礼，孰不知礼？"

巫马期以告。子曰："丘也幸，苟有过，人必知之。"

【译文】

陈司败问："鲁昭公懂不懂礼法？"孔子说："当然懂礼。"

孔子走后，陈司败对巫马期作了个揖，走近一步，说："我听说君子不偏袒，难道君子也偏袒吗？昭公在同姓的吴国娶了位夫人，明知周人同姓不婚，为了掩饰，只好叫她吴孟子。昭公若是懂得礼法，那谁还不懂礼呢？"

巫马期转告给孔子。孔子说："我真幸运，假如我有过错，别人一定会发现。"

【注释】

君子不党：君子，这里是指孔子。

君取于吴：君，指昭公；取：同"娶"。

为同姓：鲁为周公之后，姬姓；吴为太伯之后，也是姬姓。

君而知礼：君，既可指孔子，亦可指昭公。

【顺义】

　　周人同姓不婚，吴和鲁是同姓国家，鲁君从吴国娶妻，不便叫吴姬子，于是叫她吴孟子。昭公失礼，陈国人质疑此事，孔子站在国家的立场，当然不能说国君不知礼，故被指为偏袒。

182. 子与人歌而善

7.32 子与人歌而善，必使反之，而后和之。

【译文】

孔子与他人一起唱歌，听他唱得好，一定请他再唱一遍，然后和他一起唱。

183. 文，莫吾犹人也

7.33 子曰："文，莫吾犹人也，躬行君子，则吾未之有得。"

【译文】

孔子说："书本上的学问，大概我和有学问的人知道的差不多，但要做到一个君子，我还没有成功。"

【注释】

莫：大概。

犹人：这里的"人"，指有学问的人。

躬行：亲身实行，做到。躬：身体，亲自。

184. 若圣与仁

7.34 子曰："若圣与仁，则吾岂敢？抑为之不厌，诲人不倦，则可谓云尔已矣。"<u>公西华</u>曰："正唯弟子不能学也。"

【译文】

孔子说："如果说圣与仁，那我不敢当。我只不过努力学习从不厌烦，教导学生从不倦怠，如此而已。"公西华说："这正是我们学不到的。"

【注释】

抑：只不过是。

可谓云尔已矣：只是这样罢了。云尔：如此；已矣：罢了。

185. 子疾病，子路请祷

7.35 子疾病，子路请祷。子曰："有诸？"子路对曰："有之。诔曰：'祷尔于上下神祇。'"子曰："丘之祷久矣。"

【译文】

孔子病重，子路要去为老师祈祷。孔子说："有用吗？"子路答道："有用。《诔》文上说：'要为你向天地神灵祷告。'"孔子说："我早就祷告过了，好像也没有什么用。"

【注释】

疾病：疾与病连言，疾是重病。

诔（lěi）：祈祷文。

祇（qí）：地神。

186. 奢则不孙，俭则固

7.36 子曰："奢则不孙，俭则固。与其不孙也，宁固。"

【译文】

孔子说："奢侈就会因傲慢而不守规矩，俭朴又会因为贫乏而短见薄识。与其傲慢无礼，宁可无知鄙陋。"

【注释】

不孙：不谦逊，傲慢。

俭：贫乏，俭朴。

固：鄙陋，短见薄识。

187. 君子坦荡荡

7.37 子曰："君子坦荡荡，小人长戚戚。"

【译文】

孔子说："君子胸怀宽广，小人总是烦恼忧愁。"

【注释】

坦荡荡：自然，自在，很舒心的样子。

长戚戚：忧惧，焦躁，不开心的样子。长：同"常"；戚戚：忧愁的样子。

188. 子温而厉

7.38 子温而厉，威而不猛，恭而安。

【译文】

孔子虽温和但也严厉，有威仪却不表现出凶狠，庄严而安详。

泰伯第八

共 21 句

189.泰伯，其可谓至德也已矣

8.1 子曰："泰伯，其可谓至德也已矣。三以天下让，民无得而称焉。"

【译文】

孔子说："泰伯的德行，那可以说是至高无上了啊！三次让出国君位置。老百姓简直找不出恰当的语言来称赞他。"

【注释】

泰伯：亦作"太伯"，周朝祖先古公亶父的长子。古公有三子，太伯、仲雍、季历。季历的儿子就是周文王姬昌。据传说，古公预见到昌的圣德，因此想打破惯例，把君位传给幼子季历，从而传给昌。太伯为了实现父亲的愿望，便偕同仲雍出走至勾吴，从而成为吴国的始祖。

无得：不知道拿什么。

190. 恭而无礼则劳

8.2 子曰："恭而无礼则劳，慎而无礼则葸，勇而无礼则乱，直而无礼则绞。君子笃于亲，则民兴于仁；故旧不遗，则民不偷。"

【译文】

孔子说："恭敬而不懂礼法，就会劳怨；谨慎而不懂礼法，就会懦弱；勇敢而不懂礼法，就会造次；直率而不懂礼法，就会伤人。君子都能厚待亲人，社会就会兴起仁德之风；没有因为地位变化而忘记旧友老臣，百姓就不会薄情寡义。"

【注释】

葸（xǐ）：胆怯，害怕。

绞：急躁，尖刻。

笃：真诚，厚待。

故旧：故交，旧臣。

偷：浅薄，不厚道，引申为淡薄。

191. 曾子有疾，召门弟子曰

8.3 曾子有疾，召门弟子曰："启予足！启予手！诗云：'战战兢兢，如临深渊，如履薄冰。'而今而后，吾知免夫！小子！"

【译文】

曾子病重，把学生们叫来，说："看看我的脚！再看看我的手！都好好的吧？《诗经》上说，战战兢兢，好像面临无底的深渊，好像行走于薄冰之上。从今以后，我终于可以不必这样谨慎小心了！学生们啊！"

【注释】

启：视也。省视，察看。
履：步行也。

【顺义】

我终于可以不必如此了，但你们不行啊，仍要谨慎小心，要好好保护自己。

"启予足！启予手！""启"如解为打开、放正的意思，译文应是：把我的脚放好！把我的手放好！曾子病重如此，已无力抬动自己的手脚。

192. 曾子有疾，孟敬子问之

8.4 <u>曾子</u>有疾，<u>孟敬子</u>问之。<u>曾子</u>言曰："鸟之将死，其鸣也哀；人之将死，其言也善。君子所贵乎道者三：动容貌，斯远暴慢矣；正颜色，斯近信矣；出辞气，斯远鄙倍矣。笾豆之事，则有司存。"

【译文】

曾子病重，孟敬子去看望他。曾子说道："鸟死时，叫声悲哀；人死时，说话善良。君子对道义的重视在三个方面：容貌整肃，就可以避免粗暴和傲慢；面色庄重，就可以让人信赖和亲近；措辞得体，就可以脱离鄙陋和悖谬。至于那些祭祀方面的事，自有专人执掌。"

【注释】

贵乎道者：重视做人的准则。这里的"道"，指做人的准则。

暴慢：凶暴傲慢。

鄙倍：鄙是粗野鄙陋；倍同"背"，相背，失当。

笾豆之事：笾、豆，都是古代的竹器，祭祀时用以盛果实和食物，这里指祭祀活动中的礼仪。

司存：执掌，职掌。

193. 以能问于不能

8.5 <u>曾子</u>曰："以能问于不能，以多问于寡；有若无，实若虚，犯而不校。昔者吾友，尝从事于斯矣。"

【译文】

曾子说："有卓绝之能，却向能力低下的人请教，腹载五车，却向学识浅陋的人请教；有跟没有一样，虽充实仍然感到空虚，受到冒犯或无礼，也不计较。从前我的一位朋友，曾经就是这样做的。"

【注释】

犯而不校：犯：触犯；校：同"较"，计较。

【参见】

《公冶长第五》第 15 句。

194. 可以托六尺之孤

8.6 曾子曰："可以托六尺之孤，可以寄百里之命，临大节而不可夺也。君子人与？君子人也。"

【译文】

曾子说："可以把幼小的国君托付给他，可以把国家的命运交付给他，生死关头，也休想改变他。这样的人，是君子吗？当然这就是君子。"

【注释】

六尺之孤：古代尺短，身长六尺的人还是小孩，六尺之孤，年十五以下。这里指幼少之君。

百里之命：指国君的政令。百里，指诸侯国，这里指国家的命运。

大节：指临难不苟的节操。

195. 士不可以不弘毅

8.7 曾子曰："士不可以不弘毅，任重而道远。仁以为己任，不亦重乎？死而后已，不亦远乎？"

【译文】

曾子说："君子不可以没有远大理想，且必须意志刚强，是因为责任重大，路途遥远。把实现仁爱当作自己的责任，这责任还不重大吗？为此奋斗终身，到死方休，这条路还不遥远吗？"

【注释】

弘毅：有远大抱负且意志坚定。

死而后已：到死为止。

196.兴于诗，立于礼，成于乐

8.8 子曰：“兴于诗，立于礼，成于乐。”

【译文】

孔子说：“诗歌让我产生了情感和志向，仪礼帮助我在社会上立足，在音乐的熏陶下，我终于实现了人格的养成。”

【注释】

兴：起也。引申为产生，启发。

成：养成。

197. 民可使由之

8.9 子曰："民可使由之，不可使知之。"

【译文】

孔子说："统治人民的方式，就是让他们照样去做，而不必让他们知道为什么要这样做。"

【注释】

由：顺随，听从。

【顺义】

这是《论语》中聚讼最多的两句话。从字面意义看，表明孔子有着浓厚的愚民思想，但不符合孔子开创私学，有教无类的一贯主义。所以衍生出各种断句如："民可，使由之，不可，使知"，民众守法善良，就不要过多约束，如果愚昧暴戾，就要训诫教导。或"民可使，由之；不可使，知之"，意为民众听从，就顺其自然，不听从，就告诉他们怎么做。以上均旨在回护圣人，煞费苦心。在我看来，这段话讲的是治理，不是道德。治理在于效率，民皆不欲，也必决意行之，一切都民主决议，无法快速建功。

198. 好勇疾贫，乱也

8.10 子曰："好勇疾贫，乱也。人而不仁，疾之已甚，乱也。"

【译文】

孔子说："好勇而不安贫，不利于社会的安定。对没有德行的人憎恶太过，使他们无处容身，也会惹出祸乱。"

【注释】

人而不仁：对那些缺少仁德的人。

疾：厌恶。

已甚：太过分。

199. 如有周公之才之美

8.11 子曰："如有周公之才之美，使骄且吝，其余不足观也已。"

【译文】

孔子说："尽管有周公那样的才华和美貌，如果贪名爱物，那这人就不值一提了。"

【注释】

骄：骄傲自大，贪名。

吝：吝啬小气，爱物。

200. 三年学，不至于谷

8.12 子曰："三年学，不至于谷，不易得也。"

【译文】

孔子说："读书三年，并没有只想着求官得禄，这很难得。"

【注释】

三年学：学习三年，足以通业，可以得禄。

谷：禄也。

201. 笃信好学，守死善道

8.13 子曰："笃信好学，守死善道。危邦不入，乱邦不居。天下有道则见，无道则隐。邦有道，贫且贱焉，耻也；邦无道，富且贵焉，耻也。"

【译文】

孔子说："坚定信仰，努力学习，誓死坚持善良正义。不去危险的国家，不在战乱的国家居住。国家政治清明，就有所作为，政治黑暗，就隐居不仕。政治清明时，你还贫困且地位低下，那是耻辱。如果政治黑暗，你却富有且位高权重，那也是一种耻辱。"

【注释】

笃信：忠实地信仰。

守死善道：守住信仰。守死：死守。

【参见】

《宪问第十四》第1句。

《卫灵公第十五》第7句。

202. 不在其位，不谋其政

8.14 子曰："不在其位，不谋其政。"

【译文】

孔子说："不居于那个职位，便不去考虑与那个职位相关的事务。"

【参见】

《宪问第十四》第26句。

203. 师挚之始，关雎之乱

8.15 子曰："师挚之始，关雎之乱，洋洋乎盈耳哉！"

【译文】

孔子说："从乐师演奏开始，到结尾处《关雎》的合奏，美妙的音乐洋洋洒洒充盈了我的耳朵。"

【注释】

师挚：鲁国掌管音乐的太师，名"挚"。

乱：合乐，合奏。

204. 狂而不直，侗而不愿

8.16 子曰："狂而不直，侗而不愿，悾悾而不信，吾不知之矣。"

【译文】

孔子说："狂妄又不正直，无知又不老实，无能而不讲信用，我不知道有的人为什么会这样。"

【注释】

侗（tóng）：幼稚，无知。

愿：谨慎，老实。

悾悾（kōngkōng）：空虚貌。

205. 学如不及，犹恐失之

8.17 子曰："学如不及，犹恐失之。"

【译文】

孔子说："学习就好像在追赶什么，总怕赶不上，赶上了又怕被甩掉。"

【注释】

及：本意是追赶、抓住。

206. 巍巍乎！舜禹之有天下也

8.18 子曰：“巍巍乎！舜禹之有天下也，而不与焉。”

【译文】

孔子说：“崇高啊！舜和禹虽然得到天下，但不据为己有。”

【注释】

不与（yù）：不参与其富贵，不据为己有。与：参与。

207. 大哉尧之为君也

8.19 子曰："大哉尧之为君也！巍巍乎！唯天为大，唯尧则之。荡荡乎，民无能名焉。巍巍乎，其有成功也。焕乎，其有文章！"

【译文】

孔子说："伟大啊！像尧这样的君主！崇高啊！天才是最高最大的，只有尧能够仿效。坦荡啊！人民简直不知道如何赞美他！崇高啊！他的功勋浩大。光明啊！他的礼乐典章就像灿烂的阳光一样。"

208. 舜有臣五人而天下治

8.20 舜有臣五人而天下治。武王曰："予有乱臣十人。"孔子曰："才难，不其然乎？唐虞之际，于斯为盛。有妇人焉，九人而已。三分天下有其二，以服事殷。周之德，其可谓至德也已矣。"

【译文】

舜有五位贤臣，就能治理好天下。武王说："我有十位能治理天下的臣子。"孔子说："人才难得，难道不是这样吗？唐尧和虞舜两位圣人之后，到了周朝，这时人才最兴盛。武王说的十人中，还有一位是妇女，所以只能算九人。文王之时，天下已经有三分之二归附于他，而他仍旧侍奉殷朝，其德行可以说是至高无上！"

【注释】

乱臣：乱臣就是治国之臣。乱：治也。"余有乱臣十人，同心同德"。

唐虞：是唐尧和虞舜的并称，亦指尧与舜的时代，古人以为太平盛世。尧是封于唐，故称"唐尧"，舜因建国于虞，故称"虞舜"。

有妇人焉：妇人，指武王的夫人邑姜，也是圣贤之人。

三分天下有其二：周文王当时属于商朝的诸侯，但是纣王无德，贪淫暴虐，所以天下三分之二都归附了文王，但是文王还是率领着辖下各国诸侯服侍纣王，而没有推翻他。到武王时，纣王变本加厉，忍无可忍，武王才把他推翻。所以孔子称赞周家的德行，可以说已到了极处。

209. 禹，吾无间然矣

8.21 子曰："<u>禹</u>，吾无间然矣。菲饮食而致孝乎鬼神，恶衣服而致美乎黻冕，卑宫室而尽力乎沟洫。<u>禹</u>，吾无间然矣。"

【译文】

孔子说："禹，这个人，我找不到非议他的地方。自己吃得很差，祭祀祖先却很丰盛；平时穿得很差，祭服的衣帽却很华美；住的房屋也很差，沟渠水利用尽全部力量。对于禹，我是没话可说了。"

【注释】

间然：非议，异议。

菲饮食：饮食菲薄。

恶衣服：衣衫褴褛。

卑宫室：住房低湿。

黻（fú）冕：祭祀时的礼服；冕：古代大夫以上戴的帽子叫冕，这里指祭祀时的礼帽。

沟洫（xù）：即沟渠，这里指农田水利。洫：田间的水道。

子罕第九

共 31 句

210. 子罕言利

9.1 子罕言利，与命，与仁。

【译文】

孔子很少谈及功利，却相信命运，赞赏仁德。

【注释】

罕：很少。

与：赞许。

【顺义】

难解章句之一。另一种译文：孔子很少谈论功利、天命和仁德。天之性为命，人之性为仁。利不屑谈，命与仁不好谈。

孔子谈论功利并不少，但有原则，"义之与比"，谈论天命确实比较少，"夫子之言性与天道，不可得而闻也"。但是很少谈及"仁"，这个显然不对。"仁"是《论语》一书的核心，孔子绝对没有少说，有大量阐述仁的章句。在《论语》之前的著作中，"仁"非常之少见，它是孔子建立起的一个大概念。

211. 大哉孔子

9.2 达巷党人曰："大哉孔子！博学而无所成名。"子闻之，谓门弟子曰："吾何执？执御乎？执射乎？吾执御矣。"

【译文】

达巷地方有人说："孔子真伟大！学问广博，可惜没什么专长。"孔子听了这话，就很风趣地跟学生们说："那我干什么呢？赶车呢，还是做射手呢？我赶车好了。"

【注释】

无所成名：没有足以让他树立名声的专长。无所：表示没有。

执：从事。

212. 麻冕，礼也

9.3 子曰："麻冕，礼也；今也纯，俭，吾从众。拜下，礼也；今拜乎上，泰也。虽违众，吾从下。"

【译文】

孔子说："用麻缝制祭祀用的礼帽，这是合乎礼数的；现在改用丝织，也很俭朴，我顺从大家的做法。先在堂下作揖，然后升堂磕头，这是合乎礼数的。现在免掉了堂下作揖，只在堂上拱拱手，这是倨傲不尊。虽然违背当下的做法，我还是坚持堂下作揖、升堂磕头的礼制。"

【注释】

麻冕：用麻制作祭祀的礼帽。

纯：黑色的丝。

俭：用麻做礼帽，因麻质粗，编织费工，若用丝，丝质细，容易织成，因而俭省。

拜下，礼也：指臣子对君主的行礼，先在堂下作揖，再升堂磕头，比较繁琐。

拜乎上：在堂上拱拱手。

213. 子绝四

9.4 子绝四：毋意、毋必、毋固、毋我。

【译文】

孔子断绝了这四种毛病：凭空揣测，独断专行，固执己见，自以为是。

【注释】

毋（wú）：不可，表示否定。

意、必、固、我：都是单字，只能意译。

214. 子畏于匡

9.5 子畏于匡，曰："文王既没，文不在兹乎？天之将丧斯文也，后死者不得与于斯文也；天之未丧斯文也，匡人其如予何？"

【译文】

孔子被拘禁在匡地，便说："文王已经死了，这里就没有文德了吗？如果上天要让这文德丧失，那也没办法，后人就不会有这文德了。如果上天还没有让这文德丧失，那匡人又能把我怎么样？"

【注释】

后死者：后人，也可以是孔子自谓。

不得与于：不能参与。

其如予何：能把我怎么样。

【参见】

《述而第七》第 23 句。

《先进第十一》第 22 句。

215. 夫子圣者与

9.6 太宰问于<u>子贡</u>曰："夫子圣者与？何其多能也？"<u>子贡</u>曰："固天纵之将圣，又多能也。"

子闻之，曰："太宰知我乎！吾少也贱，故多能鄙事。君子多乎哉？不多也。"

【译文】

太宰问子贡说："你的老师是位圣人吧？为什么还这么多才多艺？"子贡说："这是上天要让他做圣人，所以让他多才多艺。"

孔子听到了，说："这是太宰不了解我吧！我年少时穷苦，所以学会了许多技艺。君子有这么多技艺吗？他们可没有。"

【注释】

鄙事：鄙人之事，鄙俗琐细之事，多指各种技艺和耕种等体力劳动。

【顺义】

先秦早期的君子，是一代君子，指有政治地位的皇亲贵族，参与国家治理，他们有土地有奴隶，衣食无忧，无须学得各种技艺。孔子要培养的是二代君子，是通过学习修为养成的，这其中很多人出身低贱，生活贫苦。

216. 吾不试，故艺

9.7 牢曰：“子云：‘吾不试，故艺。’”

【译文】

子牢说：“老师说过：‘我年轻时没有做官，没有俸禄，为了谋生，才学得许多技艺。’”

【注释】

试：同“仕”，或作“用”解，“不试”意为未被用于国家。

217. 吾有知乎哉

9.8 子曰："吾有知乎哉？无知也。有鄙夫问于我，空空如也。我叩其两端而竭焉。"

【译文】

孔子说："我很有学问吗？没有呀！有个乡下人也问我这个问题，我跟他说，我心中空空，一无所知。我还拍拍两边的空口袋给他看：真的是空空的，啥也没有呀！"

【注释】

知乎哉：知：学问。"乎"与"哉"连用，文言文中常这样并用，表示疑问，不用翻译。

鄙夫：见识浅薄的人，乡下人。

两端：衣服上的两个口袋。

【顺义】

很多注本都说是：有个乡下人求教于孔子，一副诚恳的样子。孔子从那个问题的首尾两头帮他分析，尽量地告诉他。

但此解上下文意不通。孔子本是自谦，从哪里看到帮这农夫分析问题？"空空如也"在此处不知所云，几乎无解。我的解释或许顺畅一些，且非常场景化，让人看到一个很幽默的孔子。

218. 凤鸟不至，河不出图

9.9 子曰："凤鸟不至，河不出图，吾已矣夫！"

【译文】

孔子说："凤凰不飞来，黄河不出图，我这一生的努力恐怕也要到头了吧！"

【注释】

凤鸟：即凤凰，传说是一种神鸟，祥瑞的象征。

河图：古代流传下来的神秘图案。传说圣人受命，黄河就会出现图案。

219. 子见齐衰者

9.10 子见齐衰者、冕衣裳者与瞽者，见之，虽少，必作，过之，必趋。

【译文】

孔子看见穿丧服的人、穿戴礼服礼帽的人和盲人时，即使他们更年轻，孔子也一定起身相迎，经过他们的时候，一定要快步走过。

【注释】

齐衰（zīcuī）：古代丧服。

冕衣裳者：冕是贵族所戴的礼帽，指衣冠整齐的贵族。

瞽（gǔ）：盲人。

作：起身。

趋：疾行。

【参见】

《乡党第十》第 14 句。

220. 颜渊喟然叹曰

9.11 颜渊喟然叹曰:"仰之弥高,钻之弥坚。瞻之在前,忽焉在后。夫子循循然善诱人,博我以文,约我以礼,欲罢不能。既竭吾才,如有所立卓尔,虽欲从之,末由也已。"

【译文】

颜渊深深感叹道:"他的人格越是仰望,越觉得高大;他的学问越是钻研,越感到深刻。他始终像高山一样,不是在我眼前,就是在我身后。老师善于一步步地引导,以广博的知识丰富我,以严肃的礼法规范我,使我想停止学习都不能够。他充分发掘了我的才能,让我感到已经有所成就了。可是想要继续跟进老师的脚步,又感到无路可循。"

【注释】

喟(kuì)然:叹气的样子。

循循然:有步骤的样子。循:巡行,依照。

卓尔:高高直立的样子。卓:超然独立。

末由:无由。

221. 子疾病，子路使门人为臣

9.12 子疾病，<u>子路</u>使门人为臣。病间，曰："久矣哉，<u>由</u>之行诈也！无臣而为有臣，吾谁欺？欺天乎？且予与其死于臣之手也，无宁死于二三子之手乎！且予纵不得大葬，予死于道路乎？"

【译文】

孔子病重，子路要学生们挂上臣下侍奉的名义，准备治丧。后来，孔子病轻了一些，说："这么久了，仲由一直瞒着我！我已去位，没有资格有臣下，却居然有了。我骗谁呢？骗老天吗？与其我死在所谓'臣下'身边，不如死在你们学生身边。即使葬礼不得隆重，难道我会被扔在道路上吗？"

【注释】

病间：病略好转。

由：仲由，字子路，又字季路。

222. 有美玉于斯

9.13 子贡曰:"有美玉于斯, 韫椟而藏诸? 求善贾而沽诸?" 子曰: "沽之哉, 沽之哉! 我待贾者也。"

【译文】

子贡说: "这里有一块美玉, 是把它藏在柜子里, 还是找个识货的珠宝商卖掉呢?"孔子说: "卖了吧! 卖了吧! 我就等着一个好价钱了。"

【注释】

韫椟 (yùndú): 藏在柜子里。韫: 包藏, 蕴含; 椟: 柜子。

贾 (gǔ): 商人, 商贾。

223. 子欲居九夷

9.14 子欲居九夷。或曰:"陋,如之何?"子曰:"君子居之,何陋之有?"

【译文】

孔子想到边远的九夷之地居住。有人说:"那么落后的地方,怎么能居住呢?"孔子说:"有君子到那里居住,还会鄙陋吗?"

【注释】

九夷:泛指东边的少数民族聚居地。

何陋之有:倒装句:有何陋。

224.吾自卫反鲁，然后乐正

9.15 子曰："吾自卫反鲁，然后乐正，雅颂各得其所。"

【译文】

孔子说："我从卫国回到鲁国之后，把音乐的篇章整理规范，《雅》《颂》都有了自己的分类。"

【注释】

反：同"返"。

225. 出则事公卿，入则事父兄

9.16 子曰："出则事公卿，入则事父兄，丧事不敢不勉，不为酒困，何有于我哉？"

【译文】

孔子说："出外侍奉公卿大夫，在家侍奉父母兄弟，有丧事不敢不尽力，都不会嗜酒贪杯，还有谁比我做得更好呢？"

【注释】

何有于我哉：这些事对于我，有什么困难吗？"何有"是"有何"的倒装，"何"可以指人，也可以指事。指事，即何难之有。

【顺义】

孔子说有三种情况下不得不喝酒：在外侍奉公卿大夫，不能不喝酒；在家侍奉父母兄长，不能不喝酒；在丧礼上，主人敬酒，代表感激之情，这时不能不喝。"不为酒困"，是表明在以上三种场合上，不是上面三件事的并列项。在这三种场合，都不会嗜酒贪杯，不会因饮酒过度而失礼。孔子说，做到这些，对我来说并不难。

226. 子在川上曰

9.17 子在川上曰："逝者如斯夫！不舍昼夜。"

【译文】

孔子站在岸上，望着河水，说："消逝的岁月就像这河水！日夜不停地向前奔流。"

227. 吾未见好德如好色者也

9.18 子曰："吾未见好德如好色者也。"

【译文】

孔子说："我没有见到过那样的人，喜爱道德能像喜爱女色一样。"

【顺义】

好色是本性，修德需要克制私欲。

【参见】

《卫灵公第十五》第13句。

228. 譬如为山，未成一篑

9.19 子曰：“譬如为山，未成一篑，止，吾止也。譬如平地，虽覆一篑，进，吾往也。”

【译文】

孔子说：“堆土成山，最后只差一筐土，如果中断，功亏一篑，不要怨人，是你自己停止的。又好比在平地上，虽只倒下一筐土，只要继续，早晚一天会堆土成山。”

【注释】

篑（kuì）：盛土的筐子。

吾往也：是我持之以恒的结果。

229. 语之而不惰者

9.20 子曰："语之而不惰者，其回也与！"

【译文】

孔子说："聚精会神，始终在聆听，大概只有颜回能做到！"

230. 吾见其进也，未见其止也

9.21 子谓颜渊曰："惜乎！吾见其进也，未见其止也。"

【译文】

孔子评论颜渊说："真可惜啊，死得这么早！我只见他不断进步，从没见他停止过。"

231. 苗而不秀者有矣夫

9.22 子曰: "苗而不秀者有矣夫! 秀而不实者有矣夫! "

【译文】

孔子说: "禾苗生长了, 却不吐穗开花, 是有的吧! 吐穗开花了, 却不凝浆结实, 也是有的吧! "

【注释】

秀: 指禾黍吐穗开花。

苗而不秀, 秀而不实: 是对颜回的惋惜之情。

232. 后生可畏

9.23 子曰："后生可畏，焉知来者之不如今也？四十、五十而无闻焉，斯亦不足畏也已。"

【译文】

孔子说："年轻人真是可怕呀！何以知道他们将来就不及我们呢？一个人到了四十岁、五十岁还默默无闻，那也就不值得敬畏了。"

233. 法语之言，能无从乎

9.24 子曰："法语之言，能无从乎？改之为贵。巽与之言，能无说乎？绎之为贵。说而不绎，从而不改，吾末如之何也已矣。"

【译文】

孔子说："正言规劝，怎么能不听从呢？改正错误最为可贵。恭顺赞许的话，谁听了不高兴？但只有在分析鉴别之后，才是可贵的。只顾高兴不加鉴别，或一味听从不加修正，那我拿他也就没办法了。"

【注释】

法语之言：指符合礼法规则的正言。

巽（xùn）：顺从，卑顺。

说：同"悦"。

绎（yì）：抽丝，引申为理顺头绪，探寻究竟。

末如之何：犹言无法对付，无可奈何。

234. 主忠信，毋友不如己者

9.25 子曰："主忠信，毋友不如己者，过则勿惮改。"

【译文】

孔子说："恪守忠诚信实，没有不如自己的朋友，有了过失，不怕去改正。"

【注释】

主：恪守。

【参见】

《学而第一》第8句。

235. 三军可夺帅也

9.26 子曰: "三军可夺帅也, 匹夫不可夺志也。"

【译文】

孔子说: "三军主帅的权力, 可以被剥夺, 但一个勇士的意志, 不可以被剥夺。"

【注释】

三军: 周朝制度, 诸侯中的大国, 可以拥有上、中、下三军, 因此用"三军"作军队的通称。

匹夫: 平民百姓, 也可指勇士, 匹夫之勇。

236.衣敝缊袍，与衣狐貉者立

9.27 子曰："衣敝缊袍，与衣狐貉者立而不耻者，其<u>由</u>也与！'不忮不求，何用不臧？'"<u>子路</u>终身诵之。子曰："是道也，何足以臧？"

【译文】

孔子说："穿着破旧的棉袍，和穿着华丽皮衣的人站在一起，不觉得惭愧的，这种气度和修养，只有仲由能做到！《诗经》上说：'不嫉妒，不贪心，有什么不好？'"子路听了老师夸奖，以后经常念着这两句诗。孔子知道了又说："这是基本做人之道嘛，有什么可炫耀的呢？"

【注释】

衣（yì）：动词，当"穿"字解。

敝：破旧的。

缊（yùn）袍：以乱麻为絮的袍子。缊：旧丝絮。

不忮（zhì）不求：指不嫉妒不贪得。忮：嫉妒。

何用：何以，为何。

臧（zāng）：善，好，吉利，引申为炫耀。

237. 岁寒，然后知松柏之后凋也

9.28 子曰："岁寒，然后知松柏之后凋也。"

【译文】

孔子说："到了冬天最冷的时候，才知道松柏是最后凋谢的。"

238. 知者不惑

9.29 子曰："知者不惑，仁者不忧，勇者不惧。"

【译文】

孔子说："聪慧的人没有疑惑，仁德的人没有忧虑，勇敢的人无所畏惧。"

239. 可与共学，未可与适道

9.30 子曰："可与共学，未可与适道；可与适道，未可与立；可与立，未可与权。"

【译文】

孔子说："虽然大家在一起学习，但也未必都是来求道的；一些人确实是奔着求道而来，但是他们未必能够坚守始终；能够坚守始终，也未必懂得通权达变。"

【注释】

适道：归从道统。

立：坚守，立于道而不变。

权：本义为秤锤，引申为权衡轻重。

240. 唐棣之华，偏其反而

9.31 "唐棣之华，偏其反而。岂不尔思？室是远而。"子曰："未之思也，夫何远之有？"

【译文】

"蔷薇之花，摇来摆去，难道不是在想你吗？可是离得太远了呀！"孔子说："那是没有真想，真想，哪有那么遥远？"

【注释】

唐棣：一种植物，属蔷薇科，落叶灌木。

偏其反而：形容花枝摇动的样子。

室是远而：形容相思的人住的地方太远了。而：用于句末，相当于"耳"。

乡党第十

共 17 句

241.孔子于乡党

10.1 孔子于乡党，恂恂如也，似不能言者。其在宗庙朝廷，便便言，唯谨尔。

朝，与下大夫言，侃侃如也；与上大夫言，訚訚如也。君在，踧踖如也，与与如也。

【译文】

孔子在老乡中间，恭顺谦逊，好像不会说话。他在宗庙里、朝廷上，说话明白而流畅，但很谨慎。

上朝的时候，同下大夫说话，侃侃而谈；同上大夫说话，诚恳恭敬。国君来了，表现出敬畏而心中不安的样子，但又仪态适中。

【注释】

恂恂（xúnxún）：恭顺谦逊的样子。

便便（piánpián）：说话明白畅达的样子。

侃侃：理直气壮、不安不充，温和而快乐的样子。

訚訚（yínyín）：和颜悦色又能直言诤辩的样子。

踧踖（cújí）：恭敬不安的样子。

与与：行步安详，威仪适中的样子。

242. 君召使摈

10.2 君召使摈，色勃如也，足躩如也。揖所与立，左右手，衣前后，襜如也。趋进，翼如也。宾退，必复命曰："宾不顾矣。"

【译文】

国君召孔子接待外国的贵宾，他的面色马上变得庄重起来，走路加快脚步。他向两旁站立的人们作揖行礼，或左或右，短外衣前后整齐地摆动。快步向前时，好像鸟儿舒展翅膀。贵宾辞别后，一定回来报告说："客人已经走远了。"

【注释】

摈（bìn）：同"傧"，接引宾客。

勃如：猝然变色的样子。

躩（jué）：快速，不暇闲步。

襜（chān）如：整齐貌。

趋进：快步前行，以表示敬意。

顾：回头。

【参见】

《乡党第十》第 3 句。

243.入公门，鞠躬如也

10.3 入公门，鞠躬如也，如不容。

立不中门，行不履阈。

过位，色勃如也，足躩如也，其言似不足者。

摄齐升堂，鞠躬如也，屏气似不息者。

出，降一等，逞颜色，怡怡如也。

没阶，趋进，翼如也。

复其位，踧踖如也。

执圭，鞠躬如也，如不胜。上如揖，下如授。勃如战色，足蹜蹜如有循。

享礼，有容色。

私觌，愉愉如也。

【译文】

孔子走进国君的大厅，弓着腰，好像没有容身之地。

不在大门中间站立，行走不踩门槛。

走过国君的座位时，面色变得庄重，加快脚步，言语也好像中气不足。

提着衣襟走上台阶，弓着腰，轻声呼吸不敢喘气。

走出大堂，下一个台阶，面色就放松了，舒适、愉快的样子。

走完了台阶，快步前行，像鸟儿展开了翅膀。

待回到原来的位置，又是一副敬畏不安的样子。

手拿着玉圭，弓着腰，如同负重在身。向上举起像是作揖，往下轻放像是亲授。面容庄重，战战兢兢，脚步紧凑狭窄，好像走在一条直线上。

献礼时，脸色凝重。

私下相见，则轻松愉快。

【注释】

鞠躬：弯身行礼，形容谦恭谨慎的样子。

履阈（yù）：踩到门槛。阈：门槛。

过位：走过国君的座位。位：国君的座位。或许国君并不在，走过空位也是恭敬如此。

摄齐（zī）：提起衣裳下摆。摄：提起；齐：衣裳下摆。

踧踖（cùjí）：恭敬而不安的样子。

圭（guī）：古代举行典礼时，君臣手持的一种玉器。

蹜蹜（sùsù）：小步快走，举脚密而狭的样子。

私觌（dí）：私下相见。觌：见，相见。

【参见】

《乡党第十》第2句。

244. 君子不以绀緅饰

10.4 君子不以绀緅饰，红紫不以为亵服。

当暑，袗絺绤，必表而出之。

缁衣，羔裘；素衣，麑裘；黄衣，狐裘。

亵裘长，短右袂。

必有寝衣，长一身有半。

狐貉之厚以居。

去丧，无所不佩。

非帷裳，必杀之。

羔裘玄冠不以吊。

吉月，以朝服而朝。

【译文】

君子不用黑色作衣领、袖口的镶边，不用红色、紫色作家居便服。

暑热天，穿粗织或细织的葛布单衣，一定是套在外面。

黑衣配羊羔皮，白衣配麑鹿皮，黄衣配狐貉皮。

家居穿的皮衣长一些，右边的袖子要短一些。

一定要有小被子，长度是身长的一倍半。

用狐貉的皮毛做成厚坐垫。

丧礼完毕之后，就没有什么不可以佩戴了。

除了上朝祭祀的礼服，一定要剪裁得当，无需繁复。

不穿羔皮，不戴黑帽去吊丧。

每月初一，穿着礼服去朝拜。

【注释】

不以绀（gàn）缬（zōu）饰：不用黑色做领、袖的镶边。绀：天青色；缬：铁灰色。绀缬，基本上是偏黑色。饰：滚边，镶边。黑色是正式礼服的颜色，所以不用来镶边。

亵（xiè）服：家居时穿的便服。

袗絺绤（zhěnchīxì）：穿粗织或细织的单衣。袗：单，这里用作动词，穿单衣的意思；絺：细葛布；绤：粗葛布。

麑（ní）：小鹿。

袂（mèi）：袖子。

寝衣：小被子。

帷裳：古代朝祭的服装。

杀（shài）：减少、裁去。"杀之"就是缝制时裁去多余的布，不用褶叠，省工省料。

羔裘玄冠：因皆是黑色，古代用作吉服，故丧事不用。

吉月：农历每月初一。或指正月。

245.齐，必有明衣

10.5 齐，必有明衣，布。

齐必变食，居必迁坐。

【译文】

斋戒，一定要有浴衣，布做的。

斋戒期间，按规制改变饮食，住所也要搬移到正寝。

【注释】

齐：同"斋"。

明衣：干净的内衣，浴衣。

变食：不饮酒，不茹荤，不食葱蒜等。

居必迁坐：住所要搬移到正寝。迁坐是改变住房，平时住在燕寝即内寝，斋戒时需住在正寝即外寝，和妻室不同房。

246. 食不厌精，脍不厌细

10.6 食不厌精，脍不厌细。

食饐而餲，鱼馁而肉败，不食。色恶，不食。臭恶，不食。失饪，不食。不时，不食。割不正，不食。不得其酱，不食。

肉虽多，不使胜食气。

唯酒无量，不及乱。

沽酒市脯，不食。

不撤姜食，不多食。

祭于公，不宿肉。祭肉不出三日，出三日，不食之矣。

食不语，寝不言。

虽疏食菜羹，瓜祭，必齐如也。

席不正，不坐。

【译文】

粮食不嫌舂得精，鱼肉不嫌切得细。

饭菜馊了，鱼肉腐烂变味，不吃。变了颜色，不吃。发臭，不吃。没煮熟，不吃。季节未到，不吃。不按规定方法切割，不吃。没有合适的蘸料，不吃。

席上肉食虽多，不超过主食。

酒虽然不限量，但不至醉。

街市上买来的酒和肉干，不吃。

饭后撤席，留下姜食，但不多吃。

参加国家的祭祀，祭肉不留到第二天。自家的祭肉不超过三天，超过三天就不吃了。

吃饭时不交谈，入睡时不讲话。

虽然是用粗粮、菜羹、瓜果祭祀，敬献时也一样恭敬庄重。

坐席摆放不合礼数，不坐。

【注释】

精：指舂米的次数多。

脍（kuài）：指将鱼肉切得很细。

饐（yì）：腐败发臭，饭馊。

餲（ài）：经久而变味。

馁（něi）：鱼肉腐烂。

饪（rěn）：煮熟食物。

食气：主食。气同"饩"，饩食：米粮。

必齐如：也同正式的斋戒时一样。齐：同"斋"。

247. 乡人饮酒

10.7 乡人饮酒, 杖者出, 斯出矣。乡人傩, 朝服而立于阼阶。

【译文】

行乡饮酒礼之后, 要等老年人离开了, 自己才离开。老乡们举行驱疫逐鬼的仪式, 我穿戴朝服礼帽, 站在东边的台阶上观看, 直到仪式结束。

【注释】

饮酒: 指乡饮酒礼, 周代流行的宴饮风俗, 由乡大夫设宴, 招待应举之士。

杖者: 年龄大的人。

傩 (nuó): 迎神驱鬼、去灾求福的巫术表演仪式。

阼 (zuò) 阶: 东面的台阶, 主人所立之地。

248. 问人于他邦

10.8 问人于他邦，再拜而送之。康子馈药，拜而受之。曰："丘未达，不敢尝。"

【译文】

托人问候别国的朋友，两次弯腰行礼告别。康子赠送孔子药品，孔子鞠躬接受，说："抱歉！我对药性不是很了解，未遵医嘱，不敢试服。"

249. 厩焚

10.9 厩焚，子退朝，日："伤人乎?"不问马。

【译文】

马厩失火。孔子下朝回来后问："伤人了吗?"没有问马。

【注释】

厩（jiù）：马棚。泛指牲口棚。

250. 君赐食

10.10 君赐食，必正席先尝之；君赐腥，必熟而荐之；君赐生，必畜之。

侍食于君，君祭，先饭。

疾，君视之，东首，加朝服，拖绅。

君命召，不俟驾行矣。

【译文】

国君赐以食物，孔子一定要摆正席位先尝一尝。国君赐以生肉，一定煮熟了，先向祖先进贡，自己再吃。国君赐以活物，一定饲养起来。

侍奉国君吃饭，饭前行祭礼的时候，先替国君尝一下食物。

孔子病了，国君来探望，他必头朝东等待。迎候国君时，披上上朝的礼服，拖着大带。

国君召唤，不等车马驾好，步行先走。

【注释】

荐：进奉，进贡。

东首：主人的位向。但国君自以为是国家的主人，就是到臣下家中，仍从阼阶上下，所以孔子面向东迎候国君。

绅：束在腰间的大带。

251. 入太庙，每事问。

10.11 入太庙，每事问。

【译文】

孔子走进太庙，每件事都要问。

【参见】

《八佾第三》第15句。

252. 朋友死，无所归

10.12 朋友死，无所归，曰："于我殡。"

【译文】

朋友死了，没有人收殓，孔子说："我来负责丧事吧。"

【注释】

殡：停放灵柩叫"殡"，这里指一切丧葬事务。孔子年轻时做过殡葬职业。

253. 朋友之馈

10.13 朋友之馈，虽车马，非祭肉，不拜。

【译文】

朋友馈赠礼物，即使是车马，如果不是祭肉，不行拜礼。

254. 寝不尸，居不客。

10.14 寝不尸，居不客。

【译文】

睡不仰卧，平常在家里，不用跪坐。

【注释】

尸：本义是指替死者受祭的人，这里是指平直躺，时间久了很累。

居不客：古人的坐法，屈着两膝，膝盖着地，而足跟承着臀部。做客或见客时必须如此，以示恭敬。不过这样难以持久，居家不必如此。居：坐；客：客人。

255. 见齐衰者

10.15 见齐衰者，虽狎，必变；见冕者与瞽者，虽亵，必以貌。

凶服者式之。式负版者。

有盛馔，必变色而作。

迅雷风烈必变。

【译文】

孔子看见穿孝服的，虽然平时很亲密，也一定会改变面容，表示同情。看见戴着礼帽的人和盲人，即使常相见，也一定要有礼貌。

乘车时遇到穿丧服的，在车上俯身表示慰问。对拿着国家图籍的人，以同样的姿态表示敬意。

有丰盛的宴席，一定改变面容，站立起来致意。

遇到巨雷风暴，脸色肃穆，表示对上天的敬畏。

【注释】

齐衰（zīcuī）：一种丧服。

狎（xiá）：亲昵而不庄重，这里表示关系亲密。

亵（xiè）：不庄重地亲近，这里表示是熟人。

式：同"轼"，车前横木。此处用作动词，用手扶轼。

版：国家图籍。

【参见】

《子罕第九》第 10 句。

256. 升车，必正立

10.16 升车，必正立，执绥。

车中，不内顾，不疾言，不亲指。

【译文】

上车前，一定端正站立，紧握扶手。

在车中，不回头内看，不大声讲话，不随意指点。

【注释】

绥（suí）：登车时用于拉手的绳索。

257.色斯举矣，翔而后集

10.17 色斯举矣，翔而后集。曰："山梁雌雉，时哉时哉！"
子路共之，三嗅而作。

【译文】

惊飞的鸟儿，露出绚丽的羽毛，盘旋一阵后停落下来，又聚集到
树枝上。孔子说："这山梁上的野鸡啊，自由自在，真得其时！"
子路向前拱了拱手，惊到它们，它们振了振翅膀，又飞走了。

【注释】

色斯举矣：随着鸟儿起飞，露出绚丽的羽毛。色：羽毛的颜色；举：
展现。

时哉时哉：得其时啊。

共之：拱手。共：同"拱"。

三嗅而作：振翅起飞。嗅：同"狊"（jú），鸟展双翅。作"嗅"
解也是可以的，指靠近人，探寻的样子。

【顺义】

难解章句之一。"色斯举矣"的"色"，很多注本解为脸色，亦
无不可。指鸟儿见颜色不善而去之，一感到有动静，就飞起来。不如
本书的译文，展现出山间一幅美丽图画。孔子借此抒发自己的情感，
一生周游列国，却鲜有国君能采纳他的仁政。看到悠闲自在的野鸡，
别有一番心情。

先进第十一

共 24 句

258. 先进于礼乐，野人也

11.1 子曰："先进于礼乐，野人也；后进于礼乐，君子也。如用之，则吾从先进。"

【译文】

孔子说："早先跟我学习礼乐文化的，都是没有爵禄的平民子弟；后来跟我学习的，都是原来就有爵禄的贵族。如果要我选用人才，我优先选择平民子弟。"

【注释】

野人：春秋有国野之分，国是城市，野是乡下，非姬周贵族包括殷遗民之外的，即"野人"也。

君子：古代指地位高，有爵禄的人。孔子给君子重新定义，指有仁德学问的人，出身低贱，也可后世养成。

【顺义】

难解章句之一。野人、君子定义很清楚，难解的是"先进"和"后进"两个术语。很多注本解释是，先学习礼乐而后做官的是平民子弟，先做官或有爵禄而后学习礼乐的是卿大夫子弟。这是说不通的，为什么卿大夫子弟就不能先学习礼乐，他们更有条件先于平民子弟。孔子说的这个"先"，应该是早先的意思，早先孔子未有名声，跟他学习的人多是平民子弟，后来孔子成名，卿大夫及其子弟慕名而来，这是说得通的。孔子优先选用平民子弟，是因为他们刻苦努力，纯朴诚敬，一朝入仕，即改变了命运。

259. 从我于陈、蔡者

11.2 子曰:"从我于陈、蔡者,皆不及门也。"德行: 颜渊,闵子骞,冉伯牛,仲弓。言语: 宰我,子贡。政事: 冉有,季路。文学: 子游,子夏。

【译文】

孔子说:"跟随我在陈、蔡两地的学生,现在都不在我这里了。德行好的是: 颜渊,闵子骞,冉伯牛,仲弓。会说话的是: 宰我,子贡。能办理政事的是: 冉有,子路。熟悉礼仪文献的是: 子游,子夏。"

【注释】

陈、蔡: 孔子在陈绝粮,在蔡受困,都是最困难、最危险的时刻。孔子追思往昔,情不自胜。

颜渊等十人: 孔子门下的十位学生,世称"孔门十哲"。

260. 回也非助我者也

11.3 子曰："回也非助我者也，于吾言无所不说。"

【译文】

孔子说："颜回不是对我有帮助的人，对我说的话，他没有不是欣然接受的。"

【顺义】

倒装句：颜回对我说的话，没有不是欣然接受的，这样对我来说并没有帮助。真正对自己有帮助的人，一定会有不同的意见。

【参见】

《为政第二》第9句。

261. 孝哉闵子骞

11.4 子曰：“孝哉闵子骞！人不间于其父母昆弟之言。”

【译文】

孔子说：“闵子骞真是孝顺啊！别人也说不出离间他们父母兄弟的话。”

【注释】

间：离间，挑拨。

【顺义】

因为闵子骞的宽容，没有计较继母对非亲生儿子的厚薄，致继母悔改，成全家庭，被后人称颂。在此不详述，可查。

262. 南容三复白圭

11.5 南容三复白圭，孔子以其兄之子妻之。

【译文】

南容经常诵读"白圭"诗篇，孔子知道他是个谨言慎行的人，对他放心，于是把自己的侄女嫁给了他。

【注释】

白圭：《诗·大雅·抑之篇》："白圭之玷，尚可磨也；斯言之玷，不可为也。"意思是白圭上面如果有了污点，可以把它磨干净，但是说出去的话，伤害了别人，是无法挽回的。圭（guī）：古代的玉制礼器。

263. 弟子孰为好学

11.6 季康子问：“弟子孰为好学？”孔子对曰：“有颜回者，好学，不幸短命死矣，今也则亡。”

【译文】

季康子问：“你的学生中谁是最好学的？”孔子回答道：“有一个叫颜回的学生，是最用功的，可惜短命死了，现在没有这样的人了。”

【参见】

《雍也第六》第 3 句。

264. 颜路请子之车以为之椁

11.7 颜渊死，颜路请子之车以为之椁。子曰："才不才，亦各言其子也。鲤也死，有棺而无椁。吾不徒行以为之椁。以吾从大夫之后，不可徒行也。"

【译文】

颜渊死了，颜渊的父亲颜路请求孔子卖掉自己的车子给颜渊买外椁。孔子说："不管他们有才还是无才，总都是自己的儿子。我的儿子鲤死了，因为没钱，也只有内棺而没有外椁。我不能为了买外椁而卖车步行，因为我做到大夫职位，是不可以步行的呀！"

【注释】

椁（guǒ）：古代厚葬棺木用两重，里面一重叫棺，外面一重叫椁，内棺外椁。

从大夫之后：孔子做过司寇，有大夫之位。"吾从大夫之后"，在大夫行列之后随行的意思，是一种谦逊的口气。

265. 天丧予

11.8 <u>颜渊</u>死。子曰: "噫! 天丧予! 天丧予! "

【译文】

颜渊死了。孔子说: "啊! 这是老天要我的命啊! 老天要我的命啊! "

266.颜渊死，子哭之恸

11.9 颜渊死，子哭之恸，从者曰："子恸矣！"曰："有恸乎？非夫人之为恸而谁为？"

【译文】

颜渊死了，孔子哭得特别伤心。跟随的人说："您太伤心了！"孔子说："过分了吗？还有哪个人的死，会让我这样伤心呢？"

【注释】

恸（tòng）：极度悲哀，大哭。

非夫（fú）人之为恸而谁为：夫：那。这里含着两个倒装句："非为夫人恸"为一句，"而为谁（恸）"为一句。

267. 颜渊死，门人欲厚葬之

11.10 颜渊死，门人欲厚葬之。子曰："不可。"

门人厚葬之。子曰："回也视予犹父也，予不得视犹子也。非我也，夫二三子也！"

【译文】

颜渊死了，学生们要用厚礼安葬他。孔子说："不行。"

学生们还是隆重地安葬了他。孔子说："颜回把我当父亲对待，我却不能把他当儿子对待。我从来都不赞同厚葬，是那班学生坚持要那样做。"

268. 季路问事鬼神

11.11 <u>季路</u>问事鬼神。子曰："未能事人，焉能事鬼？"

曰："敢问死。"曰："未知生，焉知死？"

【译文】

季路问如何侍奉鬼神。孔子说："活人都没有侍奉好，还能侍奉好鬼神吗？"

季路又问："我再冒昧地问一句，死是怎么回事？"孔子说："生的道理还没弄明白，怎么能够懂得死？"

【注释】

鬼：人死为鬼。

敢：表敬副词，冒昧的意思。

269. 闵子侍侧，訚訚如也

11.12 闵子侍侧，訚訚如也；子路，行行如也；冉有、子贡，侃侃如也。子乐。"若由也，不得其死然。"

【译文】

闵子骞站在孔子身旁，恭敬诚恳的样子；子路，刚强正直的样子；冉有、子贡，理直气壮的样子。孔子看了很开心。随口又说："可不要像仲由，怕不得好死。"

【注释】

訚訚（yínyín）：诚恳，和颜悦色。

行行（hànghàng）：刚强的样子。

不得其死然：意为得不到好死。得死，谓善终，得死为幸。

【顺义】

孔子当时随口说了一句："若由也，不得其死然。"不料一语成谶，后来子路真的在卫国打仗时丧生。

270. 鲁人为长府

11.13 <u>鲁</u>人为长府，<u>闵子骞</u>曰："仍旧贯，如之何？何必改作？"子曰："夫人不言，言必有中。"

【译文】

鲁国翻修长府金库。闵子骞说："就用旧的，又怎么样，为什么一定要改建？"孔子说："这个人不讲话，一句话就说中要害。"

【注释】

仍旧贯：依照旧例办事。

长府：国库，金库。

271. 由之瑟奚为于丘之门

11.14 子曰："由之瑟奚为于丘之门？"门人不敬子路，子曰："由也升堂矣，未入于室也。"

【译文】

孔子说："仲由的琴艺也不怎么样，为什么要到我家门口来弹奏呢？"其他学生听到老师这么讲子路，对子路就不太恭敬。孔子又说："仲由嘛，他的水平已经可以登堂，只是还没有入室罢了。"

【注释】

升堂入室：这是一个比喻，堂是正厅，室是内室，先进门，次升堂，后入室，也可以表示做学问的几个阶段。"入室"犹如学问"到家"。

【顺义】

孔子意识到说了对仲由不利的话，随即改口。

272. 师与商也孰贤

11.15 子贡问："师与商也孰贤？"子曰："师也过，商也不及。"曰："然则师愈与？"子曰："过犹不及。"

【译文】

子贡问："颛孙师和卜商，谁更强一些？"孔子说："颛孙师，有些过分，卜商呢，又有点不够。"子贡说："那么，是不是颛孙师要好一些？"孔子说："过分或不够，同样不好。"

【注释】

过犹不及：做事过分就跟做得不够一样，皆不妥当。做事要恰到好处，体现了孔子追求中庸的境界。

273. 季氏富于周公

11.16 <u>季氏</u>富于<u>周公</u>，而求也为之聚敛而附益之。子曰：
"非吾徒也。小子鸣鼓而攻之，可也。"

【译文】

季氏比周公还富阔，冉求还在替他搜刮，给他增加更多的财富。
孔子说："我不认他这个学生，你们可以大张旗鼓地攻击他。"

274. 柴也愚

11.17 柴也愚，参也鲁，师也辟，由也喭。

子曰："回也其庶乎，屡空。赐不受命，而货殖焉，亿则屡中。"

【译文】

高柴愚笨，曾参迟钝，颛孙师乖僻，仲由鲁莽。

孔子说："比较起来看，颜回还可以，他的修养已经差不多了，可是常常穷得没有办法。端木赐不安本分，通才易货，竟料事如神，每次都被他算中。"

【注释】

辟（pì）：同"僻"，乖僻，性情古怪。

喭（yàn）：粗俗，鲁莽。

庶：还可以，庶几，差不多。

不受命：有解为不受禄命，也有解为不按命运安排。

货殖：经商营利，货币繁殖。

亿：同"臆"，揣测，臆测。

275. 子张问善人之道

11.18 子张问善人之道，子曰："不践迹，亦不入于室。"

【译文】

子张问正派人的做事行为。孔子说："不走小道，非公事不要到人家里去。"

【注释】

善人：心地善良，作风正派。

践迹：循小路，不走正道。

【顺义】

难解章句之一。很多注本都译为：不沿着贤人的脚步走，学问就到不了家。《先进第十一》也有"升堂入室"章句。但是我以为，此句问的是做事行为，不是讲学问之道。孔子告诫子张，要行为正当，举止得体。可参见《雍也第六》第14句："有澹台灭明者，行不由径，未尝至于偃之室。"

"践迹入室"数解：一、践迹而入室，君子也；二、不践迹而入室，圣人也；三、不践迹而不入室，善人也；四、践迹不入室，有恒也。今取其三。

276. 论笃是与

11.19 子曰:"论笃是与,君子者乎,色庄者乎?"

【译文】

孔子说:"那些看起来说话稳重、态度诚恳的人,是真君子呢,还是伪装成君子的小人?"

【注释】

论笃是与:那些言论笃实的,是不是与他的行为一致。论笃:言论笃实;是与:赞许,肯定。

色庄者:容貌上看起来庄重的人。

277. 闻斯行诸

11.20 子路问：“闻斯行诸？”子曰：“有父兄在，如之何其闻斯行之？”

冉有问：“闻斯行诸？”子曰：“闻斯行之。”

公西华曰：“由也问闻斯行诸，子曰‘有父兄在’；求也问闻斯行诸，子曰‘闻斯行之’。赤也惑，敢问。”子曰：“求也退，故进之；由也兼人，故退之。”

【译文】

子路问：“知道了就要做吗？”孔子说：“你父亲兄长都还活着，怎么可以说知道了就要去做？”

冉有也问：“知道了就要做吗？”孔子说：“知道了就要去做。”

公西华说：“仲由问您，知道了是不是立马就做，你说有父兄在。冉有问同样的问题，你却说知道了就要去做。我很疑惑，请老师解释。”孔子说：“冉有行为退缩，所以我鼓励他前进。子路好勇争胜，所以我要抑制他的冲动。”

【注释】

兼人：意指一个顶两个，超过别人。兼：两份放在一起。

278. 子畏于匡，颜渊后

11.21 子畏于<u>匡</u>，颜渊后。子曰："吾以女死矣！"曰："<u>子在，回</u>何敢死？"

【译文】

孔子在匡地被拘禁，颜渊随后赶到。孔子说："我以为你已经死了。"颜渊道："您还活着，我怎么敢死呢？"

【注释】

畏：受到威胁。

【参见】

《子罕第九》第5句。

279. 仲由、冉求可谓大臣与

11.22 季子然问："仲由、冉求可谓大臣与？"子曰："吾以子为异之问，曾由与求之问。所谓大臣者，以道事君，不可则止。今由与求也，可谓具臣矣。"曰："然则从之者与？"子曰："弑父与君，亦不从也。"

【译文】

季子然问："仲由和冉求可以说是大臣吗？"孔子道："我以为你是问别的什么人，原来是问仲由和冉求。这么跟你说吧，我们所说的大臣，他用仁德的思想和礼仪的方式侍奉国君，如果这样行不通，宁可辞职不干。如今仲由和冉求，可以说是合格的家臣。"季子然接着问："他俩会顺从我吗？"孔子说："弑父、弑君的事，他们是不会顺从的。"

【注释】

吾以子为异之问：我以为你问别的什么人。以：以为。

曾由与求之问：原来是问他们俩啊。曾：原来是。

具臣：办事和处理问题的高手。具：工具，指像工具一样好使的臣子。

280. 子路使子羔为费宰

11.23 子路使子羔为费宰。子曰："贼夫人之子。"子路曰："有民人焉，有社稷焉，何必读书，然后为学？"子曰："是故恶夫佞者。"

【译文】

子路叫子羔去做费城的主管。孔子说："这是害了别人家的孩子。"子路说："那里有人民，有土地和五谷，何必一定要读了书，才算学问？"孔子说："所以啊，我才讨厌这种无理狡辩的人。"

【顺义】

孔子说子羔年少，还没有做好学问，应该先读书。子路争辩说，费城有人民，有土地，有粮食，管理也是学问，可以边干边学。

281. 子路、曾皙、冉有、公西华侍坐

11.24 子路、曾皙、冉有、公西华侍坐。

子曰："以吾一日长乎尔，毋吾以也。居则曰：'不吾知也！'如或知尔，则何以哉？"

子路率尔而对曰："千乘之国，摄乎大国之间，加之以师旅，因之以饥馑；由也为之，比及三年，可使有勇，且知方也。"

夫子哂之。

"求，尔何如？"

对曰："方六七十，如五六十，求也为之，比及三年，可使足民。如其礼乐，以俟君子。"

"赤！尔何如？"

对曰："非曰能之，愿学焉。宗庙之事，如会同，端章甫，愿为小相焉。"

"点，尔何如？"

鼓瑟希，铿尔，舍瑟而作，对曰："异乎三子者之撰。"

子曰："何伤乎？亦各言其志也。"

曰："莫春者，春服既成，冠者五六人，童子六七人，浴乎沂，风乎舞雩，咏而归。"

夫子喟然叹曰："吾与点也！"

三子者出，曾皙后。曾皙曰："夫三子者之言何如？"

子曰："亦各言其志也已矣。"

曰："夫子何<u>哂由</u>也？"

曰："为国以礼，其言不让，是故哂之。"

"唯<u>求</u>则非邦也与？"

"安见方六七十如五六十而非邦也者？"

"唯<u>赤</u>则非邦也与？"

"宗庙会同，非诸侯而何？<u>赤</u>也为之小，孰能为之大？"

【译文】

　　子路、曾点、冉有、公孙赤四个人陪孔子坐着。

　　孔子说："我不过比你们大几岁，不要顾虑我是你们的老师。平日你们说：'都不了解我呀！'如果今天有人想了解你，说说你想干什么事呢？"

　　了路立即回答说："千辆兵车的国家，夹在大国之间，外有别国军队的威胁，内有连年不断的饥荒。要我来干，只要三年，就可以使民众勇敢无畏，并且明白礼仪规矩。"

　　孔子嘻嘻一笑。

　　孔子问："冉求，你想干什么？"

　　冉求回答说："六七十里或者五六十里的地方，叫我治理，三年之后，可以使人民富足。至于修明礼乐，那就要等待君子贤人了。"

　　孔子问："公孙赤，你想干什么？"

　　公孙赤回答说："我不敢说我能做什么，但我愿意学习。祭祀活动上，或者是诸侯会盟，或者是朝见天子的时候，穿戴礼服礼帽，做一个小小的司仪，我是胜任的。"

孔子接着问："曾点，你想干什么？"

不等一曲将尽，曾点"铿"的一声把琴放下，站起身说："我不同于他们三个人所讲的。"

孔子说："那有什么关系？不过是各人谈谈自己的志向罢了。"

曾点说："暮春季节，春装做好了，我陪同五六位成年人，带着六七个小孩，在沂水河边洗洗澡，在舞雩台上吹吹风，一路唱歌，走着回来。"

孔子感叹道："我与曾点想到一起了！"

那三个人出去了，曾点走在后面。曾点问道："他们三个人讲得怎么样？"

孔子说："不过是各人谈谈志向罢了。"

曾点说："老师为什么取笑子路呢？"

孔子说："治理国家，应讲礼让，他的话太不谦逊，所以我就那么笑了一下。"

曾点问："冉求讲的，不是治理国家吗？"

孔子说："怎见得六七十里或五六十里，就不够一个国家呢？"

曾点说："公孙赤讲的呢，不是治理国家吗？"

孔子说："宗庙祭祀，诸侯会盟，不是国家大事是什么？公孙赤谦虚了，说只做一个小司仪，那谁能做大司仪呢？"

【注释】

居则曰：平时你们说。居：平日，平常。

比（bì）及三年：只要三年。比：等到的意思。

哂（shěn）：讥笑。

如会同：如：连词，或者；会：诸侯之间的盟会；同：诸侯共同朝见天子。

端章甫：端，整饬意。章甫：古代礼帽。

小相：祭祀、会盟、朝见时主持司仪的人。

异乎三子者之撰（zhuǎn）：不同于他们三个人的说法。撰：著述，这里指说法，所讲的话。

求：即冉求，字子有，通称冉有。

颜渊第十二

共24句

282. 颜渊问仁

12.1 颜渊问仁。子曰："克己复礼为仁。一日克己复礼，天下归仁焉。为仁由己，而由人乎哉？"

颜渊曰："请问其目？"子曰："非礼勿视，非礼勿听，非礼勿言，非礼勿动。"

颜渊曰："回虽不敏，请事斯语矣。"

【译文】

颜渊问什么是仁。孔子说："约束自己的言语和行为，使之都合乎法度，就是仁。如果有一天大家都这么做，天下就回到仁德的时代了。实行仁德全靠自己，还能靠别人吗？"

颜渊说："请问老师有没有行动的纲领？"孔子说："不符合礼法的东西不看，不符合礼法的音乐不听，不符合礼法的言语不说，不符合礼法的财物不动。"

颜渊说："我虽愚钝，一定会按照您说的去做。"

283. 仲弓问仁

12.2 仲弓问仁，子曰："出门如见大宾，使民如承大祭。己所不欲，勿施于人。在邦无怨，在家无怨。"

仲弓曰："雍虽不敏，请事斯语矣。"

【译文】

仲弓问什么是仁。孔子说："出门办事好像去接待贵宾，役使民众好像去承担重大祀典。自己不想要的，也不要强加给别人。为朝廷办事没有树敌于众，在家族事务中也没有招致责怨。"

仲弓说："我虽愚钝，但一定照着这话去做。"

【顺义】

"在家无怨"，很多注本都指是在卿大夫的封地里，给卿大夫做家臣。我以为是指在自己的宗族里，句中既没有明确说是卿大夫的封地，就不如译为宗族更合今意。

284. 司马牛问仁

12.3 司马牛问仁，子曰："仁者，其言也讱。"

曰："其言也讱，斯谓之仁已乎？"子曰："为之难，言之得无讱乎？"

【译文】

司马牛问什么是仁。孔子说："有德行的人，一般都言语迟钝。"

司马牛说："难道说话慢，言语迟钝，这个就叫仁了吗？"孔子说："做起来都很难的事，要把它表达清楚，能不缓慢吗？"

【注释】

讱（rèn）：迟钝，说话谨慎。

285. 司马牛问君子

12.4 司马牛问君子，子曰："君子不忧不惧。"

曰："不忧不惧，斯谓之君子已乎？"子曰："内省不疚，夫何忧何惧？"

【译文】

司马牛问怎样才能做一个君子。孔子说："君子不忧愁，不恐惧。"

司马牛道："不忧愁，不恐惧，这样就可以叫君子了吗？"孔子说："问心无愧，还有什么可以忧愁和恐惧的呢？"

286. 人皆有兄弟，我独亡

12.5 司马牛忧曰："人皆有兄弟，我独亡。"子夏曰："商闻之矣：死生有命，富贵在天。君子敬而无失，与人恭而有礼，四海之内，皆兄弟也——君子何患乎无兄弟也？"

【译文】

司马牛忧愁地说："别人都有好兄弟，单单我没有。"子夏说："我听说过，生死听之命运，富贵由天安排，君子对待事务严肃认真，对待朋友恭敬合礼，天下之大，哪里都有好朋友——君子又何必担心没有好兄弟呢？"

287. 子张问明

12.6 子张问明。子曰："浸润之谮，肤受之愬，不行焉，可谓明也已矣。浸润之谮，肤受之愬，不行焉，可谓远也已矣。"

【译文】

子张问怎样做才叫见事明白。孔子说："如水渐渍的谗言，和有切肤之痛的诬告，在这里都行不通，就可以叫见事明白。谗言和诬告都行不通，那你可以说是有远见了。"

【注释】

浸润：如水渐渍，初若不觉，久自湿润。

谮（zèn）：诬陷，中伤，无中生有说人坏话。

愬（sù）：诋毁，诬陷。

288. 子贡问政

12.7 子贡问政,子曰:"足食,足兵,民信之矣。"

子贡曰:"必不得已而去,于斯三者何先?"曰:"去兵。"

子贡曰:"必不得已而去,于斯二者何先?"曰:"去食。自古皆有死,民无信不立。"

【译文】

子贡问如何治国,孔子说:"粮食充足,军备充分,人民信任。"

子贡说:"迫不得已,在三者中要去掉一项,先去掉哪一项?"孔子说:"去掉军备。"

子贡说:"迫不得已,在剩下的二者中再去掉一项,先去掉哪一项?"孔子说:"去掉粮食。自古以来,人都要死,没有人民的信任,国家的观念是树立不住的。"

【注释】

兵:古时多指兵器,偶尔解作兵士。

289. 君子质而已矣

12.8 棘子成曰："君子质而已矣，何以文为？"子贡曰："惜乎，夫子之说君子也！驷不及舌。文犹质也，质犹文也。虎豹之鞟犹犬羊之鞟。"

【译文】

棘子成说："君子只要品质高洁就行了，要那些文采礼仪干什么？"子贡说："非常抱歉！先生这样谈论君子，可惜说错了，不该不经思考随口说出这样的话。如果说文采就是本质，本质就是文采，那么虎豹的皮，就跟狗羊的皮一样，去了毛，都没有区别了。

【注释】

驷不及舌：比喻一句话说出口，四匹马拉的车也追不回来，同"驷马难追"。

鞟（kuò）：去毛之皮。

290. 年饥，用不足，如之何

12.9 哀公问于有若曰："年饥，用不足，如之何？"

有若对曰："盍彻乎？"

曰："二，吾犹不足，如之何其彻也？"

对曰："百姓足，君孰与不足？百姓不足，君孰与足？"

【译文】

鲁哀公向有若问道："荒年收成不好，钱不够用，怎么办？"

有若答道："为什么不实行十分抽一的税率呢？"

哀公说："十分抽二，都不够用，怎么可能十分抽一呢？"

有若答道："如果百姓用度足够，您怎么会不够？百姓用度不够，您又怎么能足够？"

【注释】

盍（hé）：何不，为什么。

彻：十分抽一的税率。

291. 子张问崇德辨惑

12.10 子张问崇德辨惑。子曰："主忠信，徙义，崇德也。爱之欲其生，恶之欲其死；既欲其生，又欲其死，是惑也。'诚不以富，亦祗以异。'"

【译文】

子张问怎样才能推崇道德，辨识迷惑？孔子说："推崇道德，就应该以诚信立身，唯义是从。爱一个人，希望他活得好，恨一个人，恨不得他马上死，爱恶无常，这便是迷惑失道。就像《诗经》有云：'忠信诚实不够，就会心生异数。'"

【注释】

徙义：见义即改变其他意念而从之，唯义是从。

【顺义】

"诚不以富，亦祗以异"，很多注本都说是错简，引在这里很难解释。我的解释是如果忠诚不够，自然就会心生异数，所以才要恪守诚信，见义勇为。这样解释，文意通顺。

【参见】

《季氏第十六》第12句。

292. 齐景公问政于孔子

12.11 齐景公问政于孔子，孔子对曰："君君，臣臣，父父，子子。"公曰："善哉！信如君不君、臣不臣、父不父、子不子，虽有粟，吾得而食诸？"

【译文】

齐景公向孔子问政治。孔子答道："国君是国君，臣子是臣子，父亲是父亲，儿子是儿子。"齐景公说："说得太好了！国君不遵守国君的规矩，臣子不遵守臣子的规矩，父亲不遵守父亲的规矩，儿子不遵守儿子的规矩，假如真如此，即便有粮食，我能吃得到吗？"

【注释】

信如：假如真的是这样。

293. 片言可以折狱者

12.12 子曰："片言可以折狱者，其<u>由</u>也与？"<u>子路无宿诺</u>。

【译文】

孔子说："几句话就能断定双方争论的是非，做出判决，把纠纷解决了，大概只有仲由吧。"子路答应别人要办的事，从不过夜。

【注释】

片言：简短的文字或语言，少许语言。

折狱：断狱，审判案件。

【顺义】

很多注本把"片言"解为片面之词，打官司有原告和被告两方面的人，叫"两造"，片言就是一造之词。自古迄今没有只根据一造之词判决案件的，所以译为"根据一方面的语言就可以判决案件"，于理不合。孔子说子路头脑清晰，做事果断，行为特征是性急和直率，才会有下文"子路无宿诺"，文意通畅。

294. 听讼，吾犹人也

12.13 子曰："听讼，吾犹人也。必也使无讼乎。"

【译文】

孔子说："审理诉讼案件，我同别人是一样的。仁政的目标是，如何使诉讼的案件根本不曾发生。"

295. 子张问政

12.14 <u>子张</u>问政。子曰："居之无倦，行之以忠。"

【译文】

子张问如何施政。孔子说："居于官位不懈怠，执行君令要忠实。"

【注释】

居之无倦：即恪尽职守。居之：居于某个职位。

296. 博学于文，约之以礼

12.15 子曰："博学于文，约之以礼，亦可以弗畔矣夫。"

【译文】

孔子说："广泛学习文献典籍，再用礼节加以约束，这样就不至于离经叛道了。"

【参见】

与《雍也第六》第 27 句重出。

297. 君子成人之美

12.16 子曰："君子成人之美，不成人之恶。小人反是。"

【译文】

孔子说："君子成全别人的好事，绝不帮助别人做坏事。小人则相反。"

298. 季康子问政于孔子

12.17 季康子问政于孔子。孔子对曰："政者，正也。子帅以正，孰敢不正？"

【译文】

季康子向孔子问政治。孔子说道："政的意思，就是端正。你率先端正自己，谁敢不端正？"

299. 季康子患盗

12.18 季康子患盗，问于孔子。孔子对曰："苟子之不欲，虽赏之不窃。"

【译文】

季康子苦于盗贼太多，向孔子求助。孔子说道："假如您不是贪求太多，民众就不会效仿，就是鼓励奖赏偷盗行窃，他们也不会干。"

【顺义】

苟子之不欲，虽赏之不窃：力行美德，使俭朴的精神蔚成风气，人民知足，社会安定，盗窃自然就少了。

300. 季康子问政于孔子曰

12.19 季康子问政于孔子曰：“如杀无道，以就有道，何如？”孔子对曰：“子为政，焉用杀？子欲善而民善矣。君子之德风，小人之德草，草上之风必偃。”

【译文】

季康子向孔子请教政治，对孔子说：“如果杀掉坏人，以此取信于好人，这么做怎么样？”孔子回答他：“治理国家，为什么要用杀人震慑的办法？如果你想做好人行善举，人民就会向善而行。君子之德像风，民众之德像草，风向哪边吹，草向哪边倒。”

301. 士何如斯可谓之达矣

12.20 子张问:"士何如斯可谓之达矣?"子曰:"何哉,尔所谓达者?"子张对曰:"在邦必闻,在家必闻。"子曰:"是闻也,非达也。夫达也者,质直而好义,察言而观色,虑以下人。在邦必达,在家必达。夫闻也者,色取仁而行违,居之不疑。在邦必闻,在家必闻。"

【译文】

子张问:"读书人怎么做才可以说他们是达人?"孔子说:"你所说的达是什么意思?"子张回答说:"在社会上有名望,被人追捧,在宗族里有名望,受人尊敬。"孔子说:"那是名气,不是贤达。怎样才是贤达呢?人品出众,仗义执言,善于分析别人的言辞,观察别人的脸色,从普通大众的角度考虑问题。这样的人,在人民中受到拥戴,在家族中受到敬重。贪求名气的人,表面上标榜仁德,行为却不符合,以仁人自居,还自信不疑。这样的人在社会上骗取大众的名望,在家族中骗取族人的敬重。"

【注释】

虑以下人:倒装句:以下人虑,站在普通人的立场上考虑问题。下人:民众,普通人。

302. 樊迟从游于舞雩之下

12.21 樊迟从游于舞雩之下，曰："敢问崇德，修慝，辨惑。"子曰："善哉问！先事后得，非崇德与？攻其恶，无攻人之恶，非修慝与？一朝之忿，忘其身，以及其亲，非惑与？"

【译文】

樊迟随同孔子在舞雩台下游逛，说道："请问老师，如何培养品德，去除邪念，明辨是非？"孔子说："问得好！付出了劳动，而有了收获，这不就提高了品德了吗？自己的错误自己改正，而不去攻击别人的缺点，这不就去除了恶念了吗？一时愤怒起事，忘掉了自身的安全，也忘掉了对父母的责任，这不就是迷惑吗？"

【注释】

舞雩（yú）：雩：古代求雨时举行的祭祀。舞雩台，是鲁国求雨的神坛。古代求雨祭天，设坛命女巫为舞，故称"舞雩"。

修慝（tè）：去掉恶念。慝：邪恶，恶念。

攻其恶：改正自己的错误。其：指自己。

303. 樊迟问仁

12.22 樊迟问仁。子曰："爱人。"问知。子曰："知人。"

樊迟未达。子曰："举直错诸枉，能使枉者直。"

樊迟退，见子夏曰："乡也吾见于夫子而问知，子曰：'举直错诸枉，能使枉者直。'何谓也？"

子夏曰："富哉言乎！舜有天下，选于众，举皋陶，不仁者远矣。汤有天下，选于众，举伊尹，不仁者远矣。"

【译文】

樊迟问什么是仁。孔子说："爱人。"樊迟明白，又问什么是知。孔子说："了解人。"

樊迟不太明白。孔子说："提拔正直的人放在邪曲的人上面，能够使邪曲的人改正过来。"

樊迟走出来，见到子夏说："刚才见到老师，问他什么是知，老师说：'提拔正直的人放在邪曲的人上面，还能够把邪曲的人矫正过来。'这是什么意思啊？"

子夏说："这话说得多么深刻啊！舜有了天下，在众人之中挑选，把皋陶选拔出来，坏人难以生存就走远了。汤治理天下，在众人中挑选，把伊尹选拔出来，坏人难以生存就走远了。"

【注释】

乡也：刚才。乡：副词，表示行为出现不久；也：语气助词。

皋陶（gāoyáo）：舜的臣子，与尧、舜、禹齐名的"上古四圣"之一。

汤：商朝的开国之君，伐夏桀而得天下。

伊尹：汤的辅相，辅佐汤建商灭夏。

【参见】

《为政第二》第 19 句。

304. 子贡问友

12.23 <u>子贡</u>问友。子曰:"忠告而善道之,不可则止,毋自辱焉。"

【译文】

子贡问待友之道。孔子说:"忠心地劝告他,善意地引导他,他不听从,也就罢了,不要自取其辱。"

【注释】

道:同"导",引导。

305. 君子以文会友

12.24 <u>曾子</u>曰："君子以文会友，以友辅仁。"

【译文】

　　曾子说："君子通过文章学问聚会朋友，结交比自己更优秀的人，帮助自己增长仁德。"

子路第十三

共 30 句

306. 子路问政

13.1 <u>子路</u>问政，子曰："先之，劳之。"请益。曰："无倦。"

【译文】

子路问为政之道。孔子说："自己身体力行，然后让民众辛勤劳作。"子路请求多讲几句。孔子说："永不懈怠。"

【注释】

请益：意思是请求增加或者向人请教。

无倦：不懈怠，不厌烦。

【参见】

《颜渊第十二》第 14 句

307. 仲弓为季氏宰，问政

13.2 <u>仲弓</u>为季氏<u>宰</u>，问政。子曰："先有司，赦小过，举贤才。"

曰："焉知贤才而举之？"子曰："举尔所知；尔所不知，人其舍诸？"

【译文】

仲弓做了季氏的总管，向孔子问管理之道。孔子说："先设立组织机构，各司其职，用人不计小过，选拔优秀人才。"

仲弓说："我怎么知道谁是优秀人才呢？"孔子说："先提拔你所了解的；你不了解的，难道别人不会推荐吗？"

【注释】

先有司：有司指官吏，古代设官分职，各有专司，故称"有司"。

人其舍诸：难道别人会舍弃他吗？

308. 卫君待子而为政

13.3 子路曰："卫君待子而为政，子将奚先？"

子曰："必也正名乎！"

子路曰："有是哉，子之迂也！奚其正？"

子曰："野哉，由也！君子于其所不知，盖阙如也。名不正，则言不顺；言不顺，则事不成；事不成，则礼乐不兴；礼乐不兴，则刑罚不中；刑罚不中，则民无所措手足。故君子名之必可言也，言之必可行也。君子于其言，无所苟而已矣。"

【译文】

子路对孔子说："卫君等着您去治理国政，您先做哪件事？"

孔子说："必须归正各种名称、名分，使其名实相符。"

子路说："有这个必要吗？您有点迂腐了吧！订正名分有什么用？"

孔子说："真粗鲁啊，仲由！君子对于自己所不知道的，应该采取存疑的态度。名分不正，说起话来就不顺当合理。说话不顺当合理，事情就办不成。事情办不成，礼乐也就不能兴盛。礼乐不能兴盛，刑罚的执行就不会得当。刑罚不得当，百姓就无所适从，手足无措。所以，君子定下一个名分，必须能够说得明白，说出来的话，一定能够执行。君子对于自己说出的话，不能有一点马虎随便。"

【注释】

为政：治理国政。

正名：归正名称、名分，使名实相符。

有是哉：有这种事吗，有这个必要吗。

奚其正：为何要正名呢。奚其：为何，为什么。

阙如：存疑。

刑罚不中：刑罚执行得不适当。中：恰当，适中。

无所措手足：手脚没有地方放，形容处境窘迫，不知该怎么办才好。措：放置。

无所苟：从不马马虎虎，随随便便。苟：马虎，苟且。

309. 樊迟请学稼

13.4 **樊迟**请学稼。子曰："吾不如老农。"请学为圃，曰："吾不如老圃。"

樊迟出。子曰："小人哉，**樊迟**也！上好礼，则民莫敢不敬；上好义，则民莫敢不服；上好信，则民莫敢不用情。夫如是，则四方之民襁负其子而至矣，焉用稼？"

【译文】

樊迟请求学习农稼，孔子说："我不如老农。"樊迟又请求学习园圃，孔子说："我不如老圃。"

樊迟退了出来。孔子说："怎么这么没出息啊，这个樊迟！君主讲求礼治，百姓就没有不恭敬的；君主行为正当，百姓就没有不服从的；君主诚恳守信，百姓就没有不敢说真话的。做到这样，四方的百姓就会背负着小孩来投奔，还用自己去种庄稼吗？"

【注释】

老圃（pǔ）：有经验的菜农或花农。

襁（qiǎng）负：用襁褓背负。

310. 诵诗三百，授之以政

13.5 子曰："诵诗三百，授之以政，不达；使于四方，不能专对；虽多，亦奚以为？"

【译文】

孔子说："熟读《诗经》三百首，让他处理政务，他不会办事；让他出使外国，又不能谈判酬酢；读那么多书，又有何用？"

【注释】

不达：办不好。

不能专对：不能独立应对，随机应变。

亦奚以为：又有什么用呢。亦：当"又"用，表递进或转折；奚：何，什么；以为：用作，"以之为"的省略形式。

311. 其身正，不令而行

13.6 子曰："其身正，不令而行；其身不正，虽令不从。"

【译文】

孔子说："自我品行端正，即使不发布命令，民众也会去实行；若自身不端正，发布命令，民众也不会服从。"

312. 鲁卫之政，兄弟也

13.7 子曰："**鲁卫**之政，兄弟也。"

【译文】

孔子说："鲁国的政治和卫国的政治，像兄弟一样。"

【注释】

鲁国是周公旦的封地，卫国是康叔的封地，周公旦和康叔是兄弟，两个国家就像兄弟一样。当时两国政治状况趋向于衰败，故而孔子有此感叹。

313.子谓卫公子荆

13.8 子谓卫公子荆:"善居室。始有,曰:'苟合矣。'少有,曰:'苟完矣。'富有,曰:'苟美矣。'"

【译文】

孔子谈到卫国的公子荆,说:"他善于积蓄家业,且知足常乐。刚有一点财产,便说:'差不多了。'稍许多一点,便说:'足够了。'富有时,便说:'真是太完美了。'"

【注释】

居室:积蓄家业。

合:给也,足也,差不多。

完:完备,足够。

【顺义】

"居室"这一词组意义甚多,有居住房舍意,有夫妻同居意,有积蓄家业意。根据此句文意,采用积蓄家业。

314. 子适卫，冉有仆

13.9 子适卫，冉有仆，子曰："庶矣哉！"

冉有曰："既庶矣，又何加焉？"曰："富之。"

曰："既富矣，又何加焉？"曰："教之。"

【译文】

孔子到卫国，冉有驾车。孔子说："人口真多呀！"

冉有说："人口够多了，再做些什么呢？"孔子说："让他们富起来。"

冉有说："富裕以后，再做什么呢？"孔子说："教育他们。"

【注释】

仆：驾驭车马。

庶：众多。

315. 苟有用我者

13.10 子曰："苟有用我者，期月而已可也，三年有成。"

【译文】

孔子说："如果用我治国理政，一年就可以搞得差不多，三年就会大见成效。"

【注释】

期（jī）月：一周年，一年。期：同"朞"。

316. 善人为邦百年

13.11 子曰："'善人为邦百年，亦可以胜残去杀矣。'诚哉是言也！"

【译文】

孔子说："'明德的君主，治国一百年，就可以遏制残暴，去除杀戮。'这句话说得不错啊！"

【注释】

胜残去杀：意思是感化残暴的人使其不再作恶，停止杀戮。

317. 如有王者，必世而后仁

13.12 子曰："如有王者，必世而后仁。"

【译文】

孔子说："如有贤明国君，一定需要三十年，才能使仁政大行。"

【注释】

世：古称三十年为一世。

318. 苟正其身矣

13.13 子曰: "苟正其身矣, 于从政乎何有? 不能正其身, 如正人何?"

【译文】

孔子说: "如果端正了自己, 治国理政有什么困难? 如果不能端正自己, 又怎么能够端正别人?"

【注释】

何有: 有何难。古汉语常用句式。

如正人何: 如何正人。

319. 冉子退朝

13.14 冉子退朝，子曰："何晏也？"对曰："有政。"子曰："其事也。如有政，虽不吾以，吾其与闻之。"

【译文】

冉有从议事的地方回来。孔子说："怎么这么晚呢？"冉子回答："有政务。"孔子说："那是家事吧。若是重大国政，虽然不用我了，身为大夫，我也会知道的。"

【注释】

晏：意为迟、晚。

不吾以：不用我。以：用也。

吾其与闻之：我应是知道此事。其：表示祈使语气，同时带有商量的语气，可以翻译为"还是"。与闻：知道其事。

【顺义】

冉有是季氏的家臣，家事国事都会参与，"其事也"，应该指的是家事，这样文意顺通。孔子说，那是家事就跟我无关了，若是国事，纵使我不用见于朝政，但身为大夫，还是有权闻知的。

320. 一言而可以兴邦，有诸

13.15 定公问："一言而可以兴邦，有诸？"

孔子对曰："言不可以若是其几也。人之言曰：'为君难，为臣不易。'如知为君之难也，不几乎一言而兴邦乎？"

曰："一言而丧邦，有诸？"

孔子对曰："言不可以若是其几也。人之言曰：'予无乐乎为君，唯其言而莫予违也。'如其善而莫之违也，不亦善乎？如不善而莫之违也，不几乎一言而丧邦乎？"

【译文】

鲁定公问："因为一句话，就使国家兴盛起来，这样的事有吗？"

孔子回答道："不可以简单解释这句话。人们说：'做国君很难，做臣下也不容易。'如果知道做国君的辛苦，做臣下的艰难，相互都能体谅，那不几乎等于这一句话便兴盛国家了吗？"

定公又问："因为一句话，而使国家衰亡的，有吗？"

孔子回答道："也不可以简单这样讲啊。人们说：'我做国君并不快乐，只是没人敢违抗我的话罢了。'如果说得对，没有人违抗，那不很好吗？如果国君说的话不正确，也没人敢违抗，那不就是一句话要让国家衰亡吗？"

【注释】

兴邦：使国家兴盛。

丧邦：使国家衰亡，亡国。

若是其几（jī）：不可以简单这样讲。几：接近，差不多。

321. 叶公问政

13.16 <u>叶公</u>问政。子曰："近者说，远者来。"

【译文】

　　叶公问政治。孔子说："只要向国内人民施惠，使其幸福快乐，国外的百姓自来投奔。"

【注释】

　　说：同"悦"。

322. 子夏为莒父宰

13.17 <u>子夏</u>为<u>莒父</u>宰，问政。子曰："无欲速，无见小利。欲速，则不达；见小利，则大事不成。"

【译文】

子夏做了莒父的主管，问如何治理。孔子说："不要图快，不要顾小利。越想快，反而达不到目的；顾小利，做不成大事。"

【注释】

莒（jǔ）父：鲁国的一座城邑。

323.吾党有直躬者

13.18 叶公语孔子曰:"吾党有直躬者,其父攘羊,而子证之。"孔子曰:"吾党之直者异于是:父为子隐,子为父隐,直在其中矣。"

【译文】

叶公对孔子说:"我们乡里有正直的人,他父亲偷羊,儿子出来揭发。"孔子说:"我们乡里正直的人不是这样,父亲替儿子隐瞒,儿子替父亲隐瞒,情与理都在这里面。"

【注释】

直躬者:站直身体的人,指正直坦白的人。

攘(rǎng):抢夺,窃取。

证:告也。告发。

父为子隐,子为父隐:是现代法律当中亲属回避制度的理论依据,即法律不损毁人伦。

324.樊迟问仁

13.19 樊迟问仁，子曰："居处恭，执事敬，与人忠。虽之夷狄，不可弃也。"

【译文】

樊迟问怎么做才是仁。孔子说："日常交往恭敬谨慎，处理公务严肃认真，与人交往忠诚信实。即使到了蛮荒之地，也不会放弃和改变。"

【注释】

之：到也。

325. 何如斯可谓之士矣

13.20 子贡问曰:"何如斯可谓之士矣?"子曰:"行己有耻,使于四方,不辱君命,可谓士矣。"

曰:"敢问其次。"曰:"宗族称孝焉,乡党称弟焉。"

曰:"敢问其次。"曰:"言必信,行必果,硁硁然小人哉!抑亦可以为次矣。"

曰:"今之从政者何如?"子曰:"噫!斗筲之人,何足算也!"

【译文】

子贡问:"怎样才可以叫作士?"孔子说:"克勤克俭保持羞耻之心,出使外国不辱使命,可以叫作士了。"

子贡问:"请问次一等的。"孔子说:"族中称赞他孝顺父母,乡里称赞他尊爱兄长。"

子贡又问:"请问再次一等的。"孔子说:"说话诚信守约,做事坚定果断,言辞朗朗,信誓旦旦,像嘣嘣响的石头子,耿直又固执,也可以算作次一等的士了。"

子贡说:"当今从政者怎么样?"孔子说:"哼!这班人度量狭小,见识短浅,哪里还能数得上他们!"

【注释】

弟：同"悌"，尊爱兄长。

硁硁（kēngkēng）然：敲打石头的声音。硁：拟声词。

噫（yī）：表示惊讶，感叹，嘲讽。

斗筲（shāo）之人：譬如度量狭小。筲：古代的饭筐。

何足算也：哪里能数得上呢，哪里值得。

326. 不得中行而与之

13.21 子曰："不得中行而与之，必也狂狷乎！狂者进取，狷者有所不为也。"

【译文】

孔子说："如果不能与合乎中庸的人在一起，那就结交那些狂狷的人吧。狂者激进，志向高远，狷者知退，谨慎自守。"

【注释】

中行：言行合乎中道，中庸。

狂狷（juàn）：志向高远且拘谨自守。

327. 南人有言曰

13.22 子曰:"南人有言曰:'人而无恒,不可以作巫医。'善夫!"

"不恒其德,或承之羞。"子曰:"不占而已矣。"

【译文】

孔子说:"南方人有句话说:'假如没有恒心,不可以卜卦行医。'这句话说得很好!"

《易经》中说:"不能坚守自己的操守,便会招致羞辱。"孔子又说:"与其如此,就不要为人做占卜的事了。"

【注释】

巫医:有禳祷之术的行医人和卜筮人。

不恒其德:不能坚持,没有坚守。此二句出自《易经·恒卦》。

328. 君子和而不同

13.23 子曰："君子和而不同，小人同而不和。"

【译文】

孔子说："君子可以做到与人和谐相处，但保留自己的意见；小人盲目附和，没有独立见解，不能表达不同意见。"

【注释】

和：和谐，息争。不同的东西和谐地配合叫"和"。

同：共同，齐一。相同的东西无序地混合叫"同"。

【参见】

《为政第二》第14句。

329. 乡人皆好之，何如

13.24 子贡问曰：“乡人皆好之，何如？”

子曰：“未可也。”

“乡人皆恶之，何如？”

子曰：“未可也。不如乡人之善者好之，其不善者恶之。”

【译文】

子贡问道：“满村的人都喜欢他，怎么样？”

孔子说：“这不行。”

子贡又问：“满村的人都讨厌他，怎么样？”

孔子说：“这也不行。最好是满村的好人都喜欢他，满村的恶人都厌恶他。”

330. 君子易事而难说也

13.25 子曰：“君子易事而难说也。说之不以道，不说也。及其使人也，器之。小人难事而易说也。说之虽不以道，说也。及其使人也，求备焉。”

【译文】

孔子说：“在君子手下做事容易，讨他喜欢却很难。不用正当方式去奉承，他是不会喜欢的。使用人的时候，君子能够择其长处。在小人手下做事困难，讨他喜欢却很容易。不用正当方式去讨他喜欢，他也会喜欢。使用人的时候，小人却求全责备。”

【注释】

说：同“悦”。

器之：按器之用而用。

331. 君子泰而不骄

13.26 子曰："君子泰而不骄，小人骄而不泰。"

【译文】

孔子说："君子庄重但不骄傲，小人骄傲却不庄重。"

【注释】

泰：心怡貌平，安详舒泰。

骄：矜己傲物，唯恐失尊。

332. 刚、毅、木、讷

13.27 子曰：“刚、毅、木、讷，近仁。”

【译文】

孔子说：“刚强、坚韧、朴实、寡言，有这四种品德，就接近于仁德了。”

333. 何如斯可谓之士矣

13.28 子路问曰：“何如斯可谓之士矣？”

子曰：“切切偲偲，怡怡如也，可谓士矣。朋友切切偲偲，兄弟怡怡。”

【译文】

子路问道：“怎么样才可以叫作士呢？”

孔子说：“劝勉责善，和睦相处，就可以叫作士。朋友间相互批评，兄弟间重在和睦。”

【注释】

切切偲偲（sīsī）：互相责善的样子。切切：真诚恳切的样子；偲偲：互相责勉的样子。

怡怡：和顺的样子。

334. 善人教民七年

13.29 子曰："善人教民七年，亦可以即戎矣。"

【译文】

孔子说："专人军训民众七年，就可以让他们应召作战了。"

【注释】

即戎：让他们作战。即：就也；戎：兵也。

335. 以不教民战

13.30 子曰："以不教民战，是谓弃之。"

【译文】

孔子说："用未经训练的人民去作战，这等于糟蹋生命。"

宪问第十四

共 44 句

336. 宪问耻

14.1 **宪问耻**。子曰："邦有道，谷；邦无道，谷，耻也。"

"克、伐、怨、欲不行焉，可以为仁矣？"子曰："可以为难矣，仁则吾不知也。"

【译文】

原宪问什么是羞耻。孔子说："政治清明，出仕取禄；政治黑暗，做官得禄，就是耻辱。"

原宪问："好胜、自夸、怨恨、贪欲都去除了，算是仁德了吧？"孔子说："可以说是难能可贵了。若说是否仁德，那我不知道。"

【注释】

谷：古代用谷物支付薪俸，故谷指代薪俸。

克：争强好胜。

伐：自伐其功，自夸。

【参见】

《泰伯第八》第13句。

337. 士而怀居

14.2 子曰："士而怀居，不足以为士矣。"

【译文】

孔子说："读书人留恋安逸的生活，那就不配做读书人。"

【注释】

怀居：留恋安逸的生活。怀：留恋；居：安居。"怀与安，实败名。"

338. 邦有道，危言危行

14.3 子曰："邦有道，危言危行；邦无道，危行言孙。"

【译文】

孔子说："政治清明，说话谨慎，做事小心；政治黑暗，做事小心，少说为宜。"

【注释】

危：高峻，意为身在高险之处，自当小心。

339. 有德者必有言

14.4 子曰:"有德者必有言, 有言者不必有德。仁者必有勇, 勇者不必有仁。"

【译文】

孔子说: "有道德的人一定有名言, 说出名言的人未必有德行。仁德之人一定勇敢, 而勇敢的人不是一定有品德。"

340. 南宫适问于孔子曰

14.5 南宫适问于孔子曰："羿善射，奡荡舟，俱不得其死然。禹稷躬稼而有天下。"夫子不答。南宫适出，子曰："君子哉若人！尚德哉若人！"

【译文】

南宫适对孔子说："羿擅长射箭，奡擅长水战，都没能好死。禹和稷亲身耕种，却得了天下。"孔子没有答复。

南宫适出去后，孔子说："这个人真君子，他崇尚德治天下。"

【注释】

羿（yì）：后羿，神话人物，擅于射箭。

奡（ào）：古代传说中的英雄，擅水战。

荡舟：古人以左右冲杀为荡。

稷（jì）：后稷，周朝先祖，擅长农耕技艺。

【顺义】

南宫适是自问自答。孔子尚德，而当今世界尚力。尚力者不得善终，尚德者终有天下。

341. 君子而不仁者有矣夫

14.6 子曰:"君子而不仁者有矣夫,未有小人而仁者也。"

【译文】

孔子说:"是君子,却还没有达到仁的境界,这样的人是有的。但是说小人有仁德,这种事是不会有的,因为他们背道而驰,离仁越来越远。"

【注释】

君子而不仁者:君子虽然还没有达到仁,但至少在同一个方向,只是境界不同。

未有小人而仁者:小人则是背道而驰,离仁越来越远。

342.爱之，能勿劳乎

14.7 子曰："爱之，能勿劳乎？忠焉，能勿诲乎？"

【译文】

孔子说："若是爱他们，就不能不让他们勤勉；若忠于他们，就不能不对他们进行教导。"

【注释】

劳：以勤劳相劝勉。

忠：忠爱之心，爱对下，忠对上。

343. 为命，裨谌草创之

14.8 子曰："为命，裨谌草创之，世叔讨论之，行人子羽修饰之，东里子产润色之。"

【译文】

孔子说："创制一份外交文件，裨谌拟稿，世叔提出修改意见，外交官子羽增删修改后，子产最后做文字润饰。"

【注释】

为命：政令、外交辞令皆可，句中提到行人子羽，当是外交文件。

裨谌（bìchén）：中文提到裨谌、世叔、子羽、子产四人，皆郑大夫。

讨论：一个人的"讨"和"论"，指提意见。

行人：官名，即古代的外交官。

东里：地名，在今郑州市。

344. 或问子产

14.9 或问子产。子曰："惠人也。"

问子西，曰："彼哉，彼哉！"

问管仲，曰："人也。夺伯氏骈邑三百，饭疏食，没齿无怨言。"

【译文】

有人问孔子，子产这个人怎么样。孔子说："是宽厚施惠的人。"

又问到子西。孔子说："他呀！他呀！"就不说了。

又问到管仲。孔子说："他是人才。他把伯氏骈邑三百户的采地收归公有，使伯氏只能吃粗粮糙米，而伯氏到死都没有怨言。"

【注释】

彼哉，彼哉：此古语习惯，表示轻视，意思是那个人呀，有什么好说的。

人也：人才。

骈邑（piányì）：古地名。

没（mò）齿：牙齿都掉光了，表示一辈子。

345. 贫而无怨难

14.10 子曰:"贫而无怨难,富而无骄易。"

【译文】

孔子说:"做到贫穷而无怨恨,很难;富裕而不骄傲,相对比较容易。"

【顺义】

当今社会似乎正相反,富而无骄难,贫而无怨易,所以感觉此句难解。孔子讲的,应该是"富而好礼者"。

【参见】

《学而第一》第15句。

346. 孟公绰为赵、魏老则优

14.11 子曰：“<u>孟公绰</u>为赵、<u>魏</u>老则优，不可以为<u>滕薛</u>大夫。”

【译文】

孔子说：“孟公绰，做大国赵氏、魏氏的管家，力有余裕，而让他们去做滕国、薛国这样小国的大夫，则力有不逮。”

【注释】

老：古代，大夫的家臣称“老”，也称“室老”。

347. 子路问成人

14.12 子路问成人，子曰："若臧武仲之知，公绰之不欲，卞庄子之勇，冉求之艺，文之以礼乐，亦可以为成人矣。"曰："今之成人者何必然？见利思义，见危授命，久要不忘平生之言，亦可以为成人矣。"

【译文】

子路问怎样的人才是完人。孔子说："有臧武仲的智慧，公绰的不贪求，卞庄子的勇敢，冉求的才艺，再用礼乐加以修饰，就可以是完人了。"又说："今天的完人没必要这样才具完备。只要做到：看到利益考虑是否正当，遇到危险敢于挺身而出，长久居于显赫的地位，没有忘记当初的诺言，也可以视为完人。"

【注释】

成人：德才兼备的人，犹完人。

公绰（chāo）：孟公绰，鲁国大夫。

久要不忘：长久居于显赫的地位。要：显赫，重要。

【顺义】

如果把"要"字解为"约"，穷困的意思，那此句意义正相反，即长处于穷困的处境，也不忘记当初期许自己的诺言。

348. 子问公叔文子于公明贾

14.13 子问公叔文子于公明贾曰:"信乎,夫子不言,不笑,不取乎?"

公明贾对曰:"以告者过也。夫子时然后言,人不厌其言;乐然后笑,人不厌其笑;义然后取,人不厌其取。"

子曰:"其然?岂其然乎?"

【译文】

孔子向公明贾问到公叔文子,说:"老先生不苟言笑,不收钱财,是真的吗?"

公明贾回答说:"这是传话的人讲错了。他老先生,该说话的时候才说话,大家不讨厌他说话;真快乐的时候才会笑,大家不讨厌他笑出声;应该取的才索取,大家不讨厌他索取。"

孔子说:"是这样吗?难道真是这样吗?"

【注释】

时然后言:在适当的时机才会讲话。时:当其时。

349. 臧武仲以防求为后于鲁

14.14 子曰："臧武仲以防求为后于鲁，虽曰不要君，吾不信也。"

【译文】

孔子说："臧武仲凭据防城，请求在鲁国立其子嗣为卿大夫，尽管他说不是要挟国君，我不相信。"

【注释】

求为后：请求为自己的后代。后：后代，子嗣。

虽曰不要：虽说不是要挟。要：要挟。

350.晋文公谲而不正

14.15 子曰："晋文公谲而不正，齐桓公正而不谲。"

【译文】

孔子说："晋文公善权谲之能，有失公正之德；齐桓公师出有名，但疏于谋略诡变。"

【注释】

谲（jué）：欺诈，狡诈。

【顺义】

很多注本将此句译为：晋文公诡诈，心术不正；齐桓公正大光明，行不诡诈。这应该不是孔子的原意。孔子点评历史人物，君王应该有公正之德，善权谲之能。晋文公善于权谋，为达目的，不惜违背伦常，容易引起非议。齐桓公讲究师出有名，把守道德高地，但疏于谋略，丧失时机，同样也会引起不满。

351. 桓公杀公子纠

14.16 子路曰："桓公杀公子纠，召忽死之，管仲不死。"曰："未仁乎？"子曰："桓公九合诸侯，不以兵车，管仲之力也。如其仁，如其仁。"

【译文】

子路说："齐桓公杀了公子纠，召忽自杀，管仲却不能殉节而死，不能算是仁人吧？"孔子说："齐桓公九次会盟，联合了诸侯，停止了战争，都是依靠管仲的能力。这才是他的仁德，他的仁德啊！"

【注释】

召忽死之，管仲不死：召忽与管仲同事于齐公子纠，护公子纠回国与公子小白争位，小白途中被射杀诈死，得以先入齐，即位为齐桓公。齐桓公命人杀公子纠，召忽为尽人臣之节，遂自杀身亡。管仲未死，后被举荐出任齐相，辅佐齐桓公强齐图霸，九合诸侯，一匡天下。

九合诸侯：九次召集诸侯盟会。

如：像是。

352. 管仲非仁者与

14.17 子贡曰：“管仲非仁者与？桓公杀公子纠，不能死，又相之。”子曰：“管仲相桓公，霸诸侯，一匡天下，民到于今受其赐。微管仲，吾其被发左衽矣。岂若匹夫匹妇之为谅也，自经于沟渎而莫之知也。”

【译文】

子贡说：“管仲不是仁人吧？齐桓公杀了公子纠，他不但不能以身殉节，反而做了桓公的宰相。”孔子说：“管仲辅相桓公，称霸诸侯，消除混乱局面，匡正天下，人民至今还在享受他的恩惠。没有管仲，我们恐怕至今还是披着散发，衣襟开在左边的落后民族。他岂能跟平庸的百姓一样，守着小信小节，自杀在山沟中，而不被人知道呢。”

【注释】

一匡天下：消除混乱局面。匡：正也，纠正。

微：无。

吾其：我们大概还。

被发左衽（rèn）：夷狄少数民族的风俗打扮。被：同“披”；衽：衣襟。

谅：信实，遵守信用。这里指拘泥小的信义，小的节操。

自经：自缢，上吊自杀。

沟渎（dú）：山沟、沟壑。

353. 公叔文子之臣大夫僎

14.18 公叔文子之臣大夫僎，与文子同升诸公。子闻之，曰："可以为'文'矣。"

【译文】

公叔文子的家臣大夫僎，与文子一同晋升到公卿大夫。孔子知道这事，说："可以给他'文'的谥号了。"

【注释】

公叔文子之臣：指文子的家臣。

僎（zhuàn）：人名。

同升诸公：同时晋升为公卿大夫。诸：至也。

可以为"文"矣：因为文子的美德，不愧为"文"。文，谥号。孔子提前给他取字"文"，公叔文子实谥为贞惠文子。

354. 子言卫灵公之无道也

14.19 子言卫灵公之无道也，康子曰："夫如是，奚而不丧？"
孔子曰："仲叔圉治宾客，祝鮀治宗庙，王孙贾治军旅。夫如是，
奚其丧？"

【译文】

　　孔子讲到卫灵公的昏乱无道，康子道："既然这样，为什么没有
亡国？"孔子说："因为他有仲叔圉管外交，祝鮀管理祭祀，王孙贾
统率军队，有这些能人在，他怎么会灭亡？"

【注释】

　　奚而，奚其：为什么，怎么会。

355. 其言之不怍

14.20 子曰："其言之不怍，则为之也难。"

【译文】

孔子说："说大话不感到惭愧，但要让他去做就难了。"

【注释】

怍（zuò）：惭愧。

【参见】

《宪问第十四》第27句。

356. 陈成子弑简公

14.21 <u>陈成子</u>弑<u>简公</u>。<u>孔子</u>沐浴而朝，告于<u>哀公</u>曰："<u>陈恒</u>弑其君，请讨之。"公曰："告夫三子！"

<u>孔子</u>曰："以吾从大夫之后，不敢不告也。君曰'告夫三子'者！"

之三子告，不可。<u>孔子</u>曰："以吾从大夫之后，不敢不告也。"

【译文】

陈成子杀了齐简公。孔子沐浴后去见鲁哀公，说："陈恒杀了国君，请出兵讨伐。"哀公说："你去告诉那三个大夫吧！"

孔子说："因为我曾忝为大夫，不能不来报告。国君您却说让我去告诉那三个人。"

孔子去向那三个人报告，请求讨伐，没有得到同意。孔子说："我曾是大夫，不能不来报告。"

【注释】

沐浴而朝：自古就有沐浴而朝，斋戒沐浴以祀上帝的说法。沐浴而朝体现了孔子对这件事情的重视。

告夫三子："三子"指孟孙、叔孙、季孙"三桓"。

407

357. 子路问事君

14.22 <u>子路</u>问事君。子曰："勿欺也，而犯之。"

【译文】

子路问如何侍奉国君。孔子说："不要欺瞒国君，可以犯颜净谏。"

358. 君子上达，小人下达

14.23 子曰：“君子上达，小人下达。”

【译文】

孔子说：“君子上达仁义，小人下通财利。”

【参见】

《里仁第四》第 16 句。

359. 古之学者为己

14.24 子曰:"古之学者为己,今之学者为人。"

【译文】

孔子说:"古代的学者,目的在于提升自己的道德学问,当今的学者正好相反,炫耀自己的才华,博取功名利禄。"

360. 蘧伯玉使人于孔子

14.25 蘧伯玉使人于孔子。孔子与之坐而问焉，曰："夫子何为？"对曰："夫子欲寡其过而未能也。"

使者出。子曰："使乎！使乎！"

【译文】

蘧伯玉派一位使者去看望孔子。孔子与他相坐，问道："他老先生在干些什么呢？"使者回答说："我家老先生想减少自己的过失，还没有做到呢。"

使者出去后，孔子说："好一个使者，真棒！"

【注释】

蘧（qú）伯玉：卫国大夫。

361. 不在其位，不谋其政

14.26 子曰："不在其位，不谋其政。"

<u>曾子</u>曰："君子思不出其位。"

【译文】

孔子说："不担任那个职务，就不去过问那个职务范围内的事情。"

曾子说："君子的思考，不越出职务范围。"

【参见】

《泰伯第八》第14句。

362. 君子耻其言而过其行

14.27 子曰："君子耻其言而过其行。"

【译文】

孔子说："说得多，做得少，君子以此为耻。"

【参见】

《宪问第十四》第 20 句。

363. 君子道者三

14.28 子曰:"君子道者三, 我无能焉: 仁者不忧, 知者不惑, 勇者不惧。"子贡曰: "夫子自道也。"

【译文】

孔子说: "君子所行三件事, 我都没做到: 仁德的人不忧愁, 智慧的人不迷惑, 勇敢的人不畏惧。"子贡说: "这正是老师在说自己啊!"

364.子贡方人

14.29 子贡方人。子曰："赐也贤乎哉？夫我则不暇。"

【译文】

子贡讥评别人。孔子说："端木赐，你就那么好吗？我可没这闲工夫。"

【注释】

方人：讥评他人，谤人。

暇（xiá）：空闲。

365. 不患人之不己知

14.30 子曰："不患人之不己知，患其不能也。"

【译文】

孔子说："不愁别人不知道自己，只愁自己没才能。"

【参见】

《学而第一》第16句。

366. 不逆诈，不亿不信

14.31 子曰："不逆诈，不亿不信，抑亦先觉者，是贤乎！"

【译文】

孔子说："不预先怀疑别人欺诈，也不猜测别人不诚实，却能事先觉察别人的欺诈和失信，这才是贤人。"

【注释】

逆诈：意思是事先就猜疑到别人存心欺诈。

亿：同"臆"，臆测。

抑亦（yìyì）：也许，或许，如若，表示推测。

367. 微生亩谓孔子曰

14.32 <u>微生亩</u>谓<u>孔子</u>曰："<u>丘</u>何为是栖栖者与？无乃为佞乎？"<u>孔子</u>曰："非敢为佞也，疾固也。"

【译文】

微生亩对孔子说："孔丘，你为什么老这样忙忙碌碌四处游说，不就是要逞你的口才吗？"孔子道："我不是敢逞口才，而是痛恨那些顽固不化的人。"

【注释】

栖栖（xīxī）：四处奔走，无暇安居的样子。

无乃：岂不是。

佞（nìng）：善辩，有才智。

疾固：痛恨顽固不化的人。

【顺义】

另一解也很有意味：微生亩说孔子，你忙忙碌碌，到处去讲学，又有什么用，不就是显得你能说会道吗？孔子说，真不是我喜欢说话，实在是自己这毛病太大了。

368. 骥不称其力

14.33 子曰："骥不称其力，称其德也。"

【译文】

孔子说："对于千里马，不是称赞它的力气，而是赞美它的品质。"

【注释】

骥：好马，比喻贤能之人。

369. 以德报怨，何如

14.34 或曰："以德报怨，何如？"子曰："何以报德？以直报怨，以德报德。"

【译文】

有人问："用恩惠回报与人之间的怨仇，怎么样？"孔子说："那拿什么来酬报恩德呢？应该用公正对待怨恨，用恩惠酬报仁德。"

【注释】

直：秉直，公正。

【顺义】

"何以报德"：别人对不起我，我还对他好，那么别人对我好，我又该怎样报答呢？这是逻辑上的论辩。道家思想是以德报怨，孔子思想是以直报怨，主张明辨是非。

370. 莫我知也夫

14.35 子曰:"莫我知也夫。"子贡曰:"何为其莫知子也?"

子曰:"不怨天,不尤人,下学而上达。知我者其天乎!"

【译文】

孔子叹道:"没有人知道我呀!"子贡道:"为什么说没人知道您呢?"

孔子说:"不埋怨老天,不怪罪别人,下学人事而上达真理。知道我的,只有天了。"

【注释】

何为其:为什么。

尤:怨恨,责怪。

371. 公伯寮愬子路于季孙

14.36 **公伯寮**愬**子路**于**季孙**。**子服景伯**以告，曰："夫子固有惑志于**公伯寮**，吾力犹能肆诸市朝。"

子曰："道之将行也与，命也；道之将废也与，命也。**公伯寮**其如命何？"

【译文】

公伯寮向季孙氏毁谤子路。子服景伯把这件事告诉了孔子，说："季孙氏已经对子路有了疑心，但我有办法让公伯寮陈尸街头。"

孔子说："道能够推行，是天命决定的，道被废弃，也是天命决定的，不要为此烦恼。公伯寮能把天命怎么样呢！"

【注释】

愬（sù）：告也，谮也，诋毁，诬陷。

固有惑志：已经起了疑心。惑志：惑乱之志，疑心。

肆诸市朝：古人把罪人之尸示众于集市。肆：陈也。

其如何：能把（什么）怎么样。

372. 贤者辟世

14.37 子曰："贤者辟世，其次辟地，其次辟色，其次辟言。"

子曰："作者七人矣。"

【译文】

孔子说："贤士隐居，不得已择地而居，其次不看人脸色，再其次不听人恶言。"

孔子说："这样做的，已经有七个人了。"

【注释】

辟：同"避"。

七人：指七位贤人：伯夷、叔齐、虞仲、夷逸、朱张、柳下惠、鲁少连。

【顺义】

"其次避色，其次避言"，也可译为：其次察言观色，再其次少说慎言。

373. 子路宿于石门

14.38 子路宿于石门。晨门曰："奚自？"子路曰："自孔氏。"曰："是知其不可为而为之者与？"

【译文】

子路在石门过夜。早上守门者问："从哪儿来？"子路说："从孔子那里来。"守门人说："就是那个人吧，知道不可能还要去做的？"

374. 子击磬于卫

14.39 子击磬于<u>卫</u>，有荷蒉而过<u>孔氏</u>之门者，曰："有心哉，击磬乎！"既而曰："鄙哉，硁硁乎！莫己知也，斯己而已矣。深则厉，浅则揭。"

子曰："果哉！末之难矣。"

【译文】

孔子在卫国击磬，有一个背着草篓的人，经过孔子门口，说："还有心思哩，一个人在那里敲磬！"一会儿又说："有意思吗？敲得梆梆响！既然没人了解你，就善罢甘休好了。水深的地方，索性穿着衣裳过河，水浅的地方，可以撩起衣襟趟过去。"

孔子说："真干脆！我可没话反驳他了。"

【注释】

蒉（kuì）：土筐。

鄙：见识短浅。

硁硁（kēngkēng）：抑而不扬的击磬声。

斯己而已矣：这就罢休好了。

深则厉，浅则揭：穿着衣服涉水叫"厉"，提起衣襟涉水叫"揭"，比喻审时度势，知道深浅。

末之难（nàn）矣：没话反驳。末：无；难：责问。

【顺义】

　　"果哉！末之难矣"，为难解之句。另一种译文：荷蒉者批评孔子的话，被孔子的学生们听到了，告诉老师。孔子说：真是这样吗？谁对谁错，最后还很难说呢？末：最后；难：难说。

375. 高宗谅阴，三年不言

14.40 子张曰："书云：'高宗谅阴，三年不言。'何谓也？"子曰："何必高宗，古之人皆然。君薨，百家总己以听于冢宰，三年。"

【译文】

子张道："《尚书》上说：高宗守孝，住在为居丧准备的房子里，三年不问朝政。这是什么意思？"孔子说："不仅仅是高宗，古人都是这样，国君死了，继位的新主三年不问政治，朝廷百官各司其职，都听命于宰相。"

【注释】

谅阴：天子居丧期间住的草庐。

薨（hōng）：诸侯王之死专用词。

百家总己：朝廷百官各司其职。总己：总摄己职。

冢（zhǒng）宰：周官名。为六卿之首，亦称"太宰"。

376. 上好礼

14.41 子曰：“上好礼，则民易使也。”

【译文】

孔子说：“君主依礼行事，民众听从召唤。”

377. 子路问君子

14.42 子路问君子。子曰："修己以敬。"

曰："如斯而已乎？"曰："修己以安人。"

曰："如斯而已乎？"曰："修己以安百姓。修己以安百姓，尧舜其犹病诸？"

【译文】

子路问如何才是君子。孔子说："保持恭敬的态度，自我修养。"

子路又问："像这样就可以了吗？"孔子说："如果修养自己，毫不费力，就可以帮助别人，让别人也心安。"

子路又问："像这样就可以了吗？"孔子说："你有本事，就把天下都安定了。修己安民，就是尧、舜，也很难做到吧？"

【注释】

其犹病诸：他们都难在这里，指很难做到。犹：还，尚且；病：难的意思；诸：之于。

【参见】

《雍也第六》第30句。

378. 原壤夷俟

14.43 原壤夷俟。子曰："幼而不孙弟，长而无述焉，老而不死，是为贼。"以杖叩其胫。

【译文】

原壤撒开两腿，坐在地上等待孔子。孔子说："小时候你不知礼节，长大后又无所作为，老了还不死，是个害人精。"说着，用拐杖敲他的小腿。

【注释】

夷：撒开双腿而坐。叉开双腿坐而见客，是为不敬。

俟（sì）：等待。

不孙弟：这里指没有礼貌教养。孙：同"逊"，谦逊；弟：同"悌"，尊爱兄长。

379. 阙党童子将命

14.44 <u>阙党</u>童子将命。或问之曰："益者与？"子曰："吾见其居于位也，见其与先生并行也。非求益者也，欲速成者也。"

【译文】

阙里有一位少年为宾主传话。有人见孔子问："那童子学有长进吧？"孔子说："我见他坐在大人的座位上，见他同长辈并肩而行，这不是个学以进德的人，只是一个急于求成的人。"

【注释】

阙党：指阙里，孔子故里。

将命：传命，传话。

益者：求益者，求得长进的人。

居于位：坐在大人的位置上。童子当隅坐随行，无事则立主人之北。居于位，不合礼数。

与先生并行：童子依礼，不能和成人并行。

卫灵公第十五

共 42 句

380. 卫灵公问陈于孔子

15.1 卫灵公问陈于孔子。孔子对曰："俎豆之事，则尝闻之矣；军旅之事，未之学也。"明日遂行。

【译文】

卫灵公向孔子问军队阵列之法。孔子答道："礼仪的事情，我还是知道一些的；军旅的事情，从来没有学过。"第二天便离开了卫国。

【注释】

陈：同"阵"。

俎（zǔ）豆之事：祭祀礼仪。俎和豆：二者都是古代祭祀、宴飨时盛用食物的礼器。

381. 在陈绝粮

15.2 在<u>陈</u>绝粮，从者病，莫能兴。<u>子路</u>愠见曰："君子亦有穷乎？"子曰："君子固穷，小人穷斯滥矣。"

【译文】

孔子一行在陈国断了粮食，跟随的人都饿病了，爬不起床来。子路面露愠色，见孔子说："君子也有穷得毫无办法的时候吗？"孔子说："在极其穷困的时候，君子依然坚守，小人就会胡来。"

【注释】

固穷：形容甘于贫困，不失气节。

382. 女以予为多学而识之者与

15.3 子曰："赐也，女以予为多学而识之者与？"对曰："然。非与？"曰："非也。予一以贯之。"

【译文】

孔子说："端木赐，你以为我是多学而强记的人吗？"子贡回答说："对啊，难道不是这样吗？"孔子说："不对，我是用一个基本观念贯穿了这些知识。"

【参见】

《里仁第四》第15句。

383. 知德者鲜矣

15.4 子曰："由！知德者鲜矣。"

【译文】

孔子说："仲由！有德行的人，实在太少了。"

【顺义】

如果不是直译，更好的译法是：仲由！很少有人懂得我宣教仁德的初心。更显得无奈。

384. 无为而治者

15.5 子曰："无为而治者，其<u>舜</u>也与？夫何为哉？恭己正南面而已矣。"

【译文】

孔子说："什么也不做，就能使天下太平的，大概只有舜吧？他做了什么呢？他只是恭敬自持，修正道德，面朝正南，坐在自己的王位上。"

【注释】

恭己：以恭敬自持。

正南面：面向南坐在王位上。

385. 子张问行

15.6 子张问行，子曰："言忠信，行笃敬，虽蛮貊之邦，行矣。言不忠信，行不笃敬，虽州里，行乎哉？立则见其参于前也，在舆则见其倚于衡也，夫然后行。"子张书诸绅。

【译文】

子张问，在社会上如何才能通行无阻。孔子说："说话要守信，行事要笃敬，即使到了蛮荒之地，照样行之无碍。说话不守信，行事不笃敬，就是在本乡本土，能行得通吗？这两句话，把它当作座右铭，站立的时候，看见它在眼前；乘坐车舆，把它刻在车前横木上。这样就行得通。"子张把这些话写在腰带上。

【注释】

蛮貊（mò）：古称南方和北方的落后民族。

参（cēn）与前：指高高在眼前。

倚于衡：写在横木上。衡：穿于牛鼻的短横木。

书诸绅：写在腰带上。诸：之于；绅：丝帛质地的束腰带。中国绅士的装束主要体现在衣带上。

386.直哉史鱼

15.7 子曰:"直哉史鱼!邦有道,如矢;邦无道,如矢。君子哉蘧伯玉!邦有道,则仕;邦无道,则可卷而怀之。"

【译文】

孔子说:"正直的人就像史鱼!政治清明时,他像箭一样正直;危难黑暗时,他也像箭一样正直。史鱼太直了,君子更应该像蘧伯玉这样,国家太平,出来做官;国家昏乱,就把自己隐藏起来。"

【参见】

《泰伯第八》第13句。

387. 可与言而不与之言

15.8 子曰:"可与言而不与之言,失人;不可与言而与之言,失言。知者不失人,亦不失言。"

【译文】

孔子说:"可以谈的话,却不跟他谈,这就失掉了朋友;不可以跟他谈的话,却跟他谈了,就会说错话。有智慧的人,既不会失掉朋友,也不会说错话。"

【注释】

失言:说了不该说的话,无意中说出不该说的话。

【顺义】

很多注本解"失言"为浪费语言,意为讲废话,与上句文意不顺。

388. 志士仁人，无求生以害仁

15.9 子曰：“志士仁人，无求生以害仁，有杀身以成仁。”

【译文】

孔子说：“意志坚决的人，不会贪生怕死损害仁德，碰到与他的信仰相抵触的情况，宁可舍弃性命，也要成全仁德。”

389. 子贡问为仁

15.10 <u>子贡</u>问为仁。子曰："工欲善其事，必先利其器。居是邦也，事其大夫之贤者，友其士之仁者。"

【译文】

子贡问怎样培养仁德。孔子说："工匠要干好他的工作，必先磨锐他的工具。住在一个国家里，要侍奉大夫中那些德行兼备的人，要结交读书人中那些品德高洁的人。"

390. 颜渊问为邦

15.11 颜渊问为邦。子曰："行夏之时，乘殷之辂，服周之冕，乐则韶舞。放郑声，远佞人。郑声淫，佞人殆。"

【译文】

颜渊问如何建立国家制度礼仪。孔子说："采用夏代的历法，乘坐殷代的车驾，冠戴周代的礼帽，观看舜时的舞乐。禁绝郑国的音乐，远离无端的小人。郑国的音乐，靡曼淫秽，跟小人相处，危如朝露。"

【注释】

辂（lù）：绑在车辕上用来牵引车子的横木，这里指车子。

韶：舜时的音乐。

391. 人无远虑，必有近忧

15.12 子曰：“人无远虑，必有近忧。”

【译文】

孔子说：“如果没有长远的考虑，必然会有眼前的忧患。”

392. 吾未见好德如好色者也

15.13 子曰："已矣乎！吾未见好德如好色者也。"

【译文】

孔子说："罢了罢了！我还从没见过，有像喜欢美色一般，喜欢美德的人哩。"

【参见】

《子罕第九》第 18 句。

393. 臧文仲其窃位者与

15.14 子曰："臧文仲其窃位者与！知柳下惠之贤而不与立也。"

【译文】

孔子说："臧文仲是个窃居官位的人吧！他明知道柳下惠的贤德，却不举荐他。"

【注释】

窃位：身居官位而不称职。

与立：立：一解为举荐，使其立；一解同"位"，给他官位，都可达意。

394. 躬自厚而薄责于人

15.15 子曰：“躬自厚而薄责于人，则远怨矣。”

【译文】

孔子说：“厚责自己，轻责别人，怨恨自然就少了。”

【注释】

躬自厚：厚责自己。躬：自身；厚：厚责，对应薄责。

责：责备。

395. 不曰如之何

15.16 子曰："不曰'如之何，如之何'者，吾末如之何也已矣。"

【译文】

孔子说："别老跟我说怎么办，怎么办，我也不知道怎么办！"

【注释】

末：无。指不知道。

【顺义】

也可译为：不会说"怎么办，怎么办"的人，我不知道该拿他怎么办。意思是自己不想办法，却等着别人来处理，这样的人没法使用。

396. 群居终日

15.17 子曰:"群居终日,言不及义,好行小慧,难矣哉!"

【译文】

孔子说:"整天聚在一起,不谈正经事,只喜欢卖弄一些小聪明,这种人难以成器!"

397. 君子义以为质

15.18 子曰："君子义以为质，礼以行之，孙以出之，信以成之。君子哉！"

【译文】

孔子说："以仁义为核心价值，用标准的礼仪来实行，用谦逊的语言来表达，用诚信的态度去完成。这才是君子！"

【注释】

质：本质，核心。

孙：同"逊"。

398. 君子病无能焉

15.19 子曰："君子病无能焉，不病人之不己知也。"

【译文】

孔子说："君子只惭愧自己能力不够，不怨恨别人不知道自己。"

【参见】

《学而第一》第16句。

399. 君子疾没世而名不称焉

15.20 子曰："君子疾没世而名不称焉。"

【译文】

孔子说："君子的遗恨是，到死都没有名声，默默无闻。"

【顺义】

或是怕自己名不副实，德薄而位尊，要努力做到实至名归。

400. 君子求诸己

15.21 子曰："君子求诸己，小人求诸人。"

【译文】

孔子说："君子责求自己做得更好，小人责备别人做得不好。"

【注释】

求：责求，责备。

401. 君子矜而不争

15.22 子曰："君子矜而不争，群而不党。"

【译文】

孔子说："君子自负，但不与人相争，合群但不拉帮结派。"

【注释】

矜：骄傲，自负。

党：古代一种地方组织，五百户为一党，引申指集团、同伙，再引申为结成党羽，形成宗派。

402. 君子不以言举人

15.23 子曰: "君子不以言举人, 不以人废言。"

【译文】

孔子说: "君子不要因为这个人会讲话, 就举荐和提拔他, 也不要因为他有缺点, 就否定所有他讲的话。"

403. 有一言而可以终身行之者乎

15.24 <u>子贡</u>问曰："有一言而可以终身行之者乎？"子曰："其恕乎！己所不欲，勿施于人。"

【译文】

子贡问道："有没有一句话，可以终身奉行的？"孔子说："应该是宽恕吧！自己不想要的，不要强加给别人。"

【参见】

《颜渊第十二》第 2 句。

404. 吾之于人也

15.25 子曰："吾之于人也，谁毁谁誉？如有所誉者，其有所试矣。斯民也，三代之所以直道而行也。"

【译文】

孔子说："对于在位的人，我非议过谁？称赞过谁？如果我称赞谁，一定可以证明他正己守道，躬行践履。夏、商、周三代都有这样的人，所以三代才能沿着正道前行。"

【注释】

如有所誉：是"有所毁誉"的简略。

试：试验，检验。这里是指时代检验。

三代：夏、商、周。

直道：正道。

405. 吾犹及史之阙文也

15.26 子曰: "吾犹及史之阙文也, 有马者借人乘之, 今亡矣夫!"

【译文】

孔子说: "我还能看到史书中的存疑之处, 这大概是古人空下来留给后人完善的地方。就像把自己的马借给他人骑, 跑完剩余的路程一样。当今的治学者很少有这样的。"

【注释】

犹及: 还能达到, 此处意为还能看得到。

阙文: 缺漏的文字。

【顺义】

难解章句之一。找不到上下两句意义相关的地方, 勉强这样连缀起来, 恐是自我猜度。也可译为: 就像有马的人, 借给别人骑, 谁需要这些资料, 我也可以提供给他。这种互助精神, 今天很少有了。

406.巧言乱德

15.27 子曰："巧言乱德，小不忍，则乱大谋。"

【译文】

孔子说："花言巧语，足以败坏道德。小委屈不忍耐，会破坏大计划。"

【顺义】

"小不忍，则乱大谋"，也可译为：处事缺少果断，待人不能忍耐，就会耽误大事。

407. 众恶之，必察焉

15.28 子曰："众恶之，必察焉；众好之，必察焉。"

【译文】

孔子说："当大家都讨厌某个人，我一定要观察或调查这是为什么；当大家都喜欢某个人，我也同样要这么做。"

408. 人能弘道

15.29 子曰："人能弘道，非道弘人。"

【译文】

孔子说："人能够弘扬正义，不要等着正义来弘扬你。"

【注释】

弘道：推行正道，发扬正义。

409. 过而不改，是谓过矣。

15.30 子曰：“过而不改，是谓过矣。”

【译文】

孔子说：“有过错不改正，才是真的过错。”

410.吾尝终日不食

15.31 子曰："吾尝终日不食，终夜不寝，以思，无益，不如学也。"

【译文】

孔子说："我曾经整天不吃饭，整夜不睡觉，用来思考，结果并没有好处，还不如踏踏实实去学习。"

【参见】

《为政第二》第 15 句。

411. 君子谋道不谋食

15.32 子曰:"君子谋道不谋食。耕也,馁在其中矣;学也,禄在其中矣。君子忧道不忧贫。"

【译文】

孔子说:"君子用心于道德学问,不去营求衣食住行。耕田的人,也常忍饥受饿;而努力攻学,则能得到官职俸禄。所以君子忧虑的,是如何获得道德学问,不用操心得不到钱财。"

【注释】

馁(něi):饥饿,冻馁。

412. 知及之，仁不能守之

15.33 子曰："知及之，仁不能守之；虽得之，必失之。知及之，仁能守之。不庄以莅之，则民不敬。知及之，仁能守之，庄以莅之，动之不以礼，未善也。"

【译文】

孔子说："通过才智得到的权位，如果不能用仁德持守，虽然得到了，也一定会丧失。如果能够持守，但不能以庄重的态度宣示给民众，民众不会有敬畏之心。仁德能持守，庄重以宣示，但民众没有依礼而行，还是没有达到至善之境！"

【注释】

知及之：通过才智得到的。知：通"智"；及：达到。

守：持守，保持。

莅（lì）：到也。指走到近处观察，也指治理、管理。

动：行动，实行。

善：至善之境。

【顺义】

"知及之"的"之"，代词，指不特定的事物。根据上下文意，代入"权位"最为合适。"得之"得什么，"失之"失什么，"守之"守什么，"庄以莅之"宣示什么，"则民不敬"敬畏什么，都指向权力。

413. 君子不可小知而可大受也

15.34 子曰："君子不可小知而可大受也，小人不可大受而可小知也。"

【译文】

孔子说："立志成就伟大事业的人，要让他们承担重大使命；对普通人不必这样要求，可以让他们做一些力所能及的事情。"

【注释】

小知：小事情。知：作为。

大受：使命，承担大任。受：责任。

414.民之于仁也，甚于水火

15.35 子曰：“民之于仁也，甚于水火。水火，吾见蹈而死者矣，未见蹈仁而死者也。”

【译文】

孔子说：“民众听到要他们做仁义之事，就好像提到水火一样，避之不及。有人愿意为了冒险，赴汤蹈火，不惜为此付出生命，可是很少有人愿意为践行仁义而冒生死之险。”

【顺义】

很多注本都译为：民众亟需道德仁义，比需要水、火更迫切。跳进水火之中，人是要死的，践履仁德，我没有见过因此而死的。但前句的水火和后句的水火含义不同，比较勉强。前句的水火是生活所需，后句的水火是情势所迫。未见蹈仁而死者，译为没有见过因为实行仁义而死的，解释起来也困难，实行仁义一般不会死人，但临大节时未必如此。我赞同南怀瑾和樊登的解释，民众并不天生地喜欢仁义，所以孔子感叹行仁不易。

415. 当仁，不让于师

15.36 子曰：“当仁，不让于师。”

【译文】

孔子说：“在仁德的问题上，即使面对老师，也无须妥协，要坚持正确的主张。”

416. 君子贞而不谅

15.37 子曰:"君子贞而不谅。"

【译文】

孔子说:"君子坚守正义,而不固守小信。"

【注释】

贞:忠于信仰和原则,坚定不移。

谅:小信用。

417. 事君，敬其事而后其食

15.38 子曰："事君，敬其事而后其食。"

【译文】

孔子说："侍奉国君，先认真做事，把俸禄的事情放到后面再说。"

418. 有教无类

15.39 子曰："有教无类。"

【译文】

孔子说："人人我都收教，不分高低贵贱。"

【参见】

《述而第七》第 7 句。

419. 道不同，不相为谋

15.40 子曰："道不同，不相为谋。"

【译文】

孔子说："既然主张不同，没有必要在一起谋划共事。"

420. 辞达而已矣

15.41 子曰："辞达而已矣。"

【译文】

孔子说："言辞，足以达意就可以了。"

421. 师冕见，及阶

15.42 师冕见，及阶，子曰："阶也。"及席，子曰："席也。"皆坐，子告之曰："某在斯，某在斯。"

师冕出。子张问曰："与师言之道与？"子曰："然，固相师之道也。"

【译文】

盲乐师来见孔子，走近台阶，孔子说："这里有台阶。"走近座席，孔子说："这是你的座位。"都坐定了，孔子告诉他说："某人在这里，某某人在这里。"

盲乐师走后，子张问道："这是和盲乐师讲话的方式吗？"孔子说："是啊，这就是帮助盲乐师的方式。"

【注释】

师冕：师：乐师；冕：人名。古代乐官常用盲人充当。

相：扶也，帮助。

季氏第十六

共14句

422. 季氏将伐颛臾

16.1 季氏将伐颛臾。冉有、季路见于孔子，曰："季氏将有事于颛臾。"

孔子曰："求，无乃尔是过与？夫颛臾，昔者先王以为东蒙主，且在邦域之中矣，是社稷之臣也。何以伐为？"

冉有曰："夫子欲之，吾二臣者，皆不欲也。"

孔子曰："求，周任有言曰：'陈力就列，不能者止。'危而不持，颠而不扶，则将焉用彼相矣？且尔言过矣，虎兕出于柙，龟玉毁于椟中，是谁之过与？"

冉有曰："今夫颛臾，固而近于费。今不取，后世必为子孙忧。"

孔子曰："求！君子疾夫舍曰欲之而必为之辞。丘也闻有国有家者，不患寡而患不均，不患贫而患不安。盖均无贫，和无寡，安无倾。夫如是，故远人不服，则修文德以来之，既来之，则安之。今由与求也，相夫子，远人不服，而不能来也；邦分崩离析，而不能守也；而谋动干戈于邦内。吾恐季孙之忧，不在颛臾，而在萧墙之内也。"

【译文】

季氏准备对颛臾用兵。冉有、季路来见孔子说："季氏准备攻打颛臾。"

孔子说："冉求！这恐怕是你们的过错吧？这个颛臾小国，上代的国君让它做过东蒙地区的主人，而且就在鲁国境内，是国家重要的藩属，为什么要攻打它呢？"

冉有说："我家主人要这么干，我们两人都是不同意的。"

孔子说："周任有句话说：'尽力而为，以求秩序；如果不能，就该辞职。'遇到危难而不坚持，将要摔倒而不扶助，那还要你们这些助手干什么？而且你的话就是不对，老虎、犀牛从笼子里跑出来，龟甲、玉石在匣子中毁坏了，是谁的过错？"

冉有说："今天颛臾城墙坚固，而且靠近季氏的采邑费城，现在不去占领，以后一定会给子孙留下麻烦。"

孔子说："冉求！君子最厌恶的是，不说自己想要，却另找借口。我听说过，无论是有邦国的诸侯，还是有封邑的大夫，不怕稀少就怕不平均，不怕贫穷就怕不安定。若是财富平均，就不会有贫穷；和平安定，就不担心人口减少；境内平安，国家就不会倾危。做到这样，远方的人民还不归服，就再修礼乐政教招徕他们。他们来了，就要让他们安心。现在仲由和冉求，你们两个辅相季孙，远方的人民不归服，却不能怀仁招徕，国家快要崩溃，却不能保全守护，反而策划在境内兴起干戈。季氏的忧虑，恐怕不在颛臾，而是在自己家门之内。"

【注释】

颛臾（zhuānyú）：鲁国的附庸国家。

有事：指用兵。"国之大事，在祀与戎"。

无乃尔：恐怕，岂不是。

陈力就列：贡献才力，担任相应的官职。

虎兕（sì）出于柙（xiá）：兕：犀牛；柙：关野兽的木笼。

龟玉毁于椟（dú）中：龟玉：龟甲和宝玉；椟：木柜、木匣。

疾夫舍曰欲之：疾夫：讨厌那种；舍曰欲之：不说想要。

有国有家者：诸侯和大夫。诸侯有国，大夫有家。

萧墙：照壁。比喻内部。

423. 天下有道

16.2 孔子曰："天下有道，则礼乐征伐自天子出；天下无道，则礼乐征伐自诸侯出。自诸侯出，盖十世希不失矣；自大夫出，五世希不失矣；陪臣执国命，三世希不失矣。天下有道，则政不在大夫；天下有道，则庶人不议。"

【译文】

孔子说："天下清平有序，则制定礼乐、决定战争之事，由天子做主。天下混乱无序，则制定礼乐、决定战争这些事，诸侯都可以做主。由诸侯做主，传到十代，很少还能延续的。由大夫做主，五代就不行了。若是大夫的家臣把持国政，最多只能传三代。天下清平无事，政治权力就不会落在大夫手里；天下清平无事，百姓也不会议论纷纷。"

【注释】

十世：世，代也。十世、五世、三世均为约数。

希：同"稀"，少也。

陪臣：卿，大夫的家臣。

424.禄之去公室五世矣

16.3 孔子曰:"禄之去公室五世矣,政逮于大夫四世矣,故夫三桓之子孙微矣。"

【译文】

孔子说:"国君失去政权已经五代了,政权被大夫把持已经四代了,僭主叛逆之行被效仿,所以三桓家族的权力也被剥夺,他们的子孙已经衰微了。"

【注释】

禄之去公室:发放俸禄的权力不在国君手里。即国君已经没有权力。

逮:捉住,这里是把持的意思。

三桓:鲁国的三卿,孟孙、叔孙、季孙。

425. 益者三友

16.4 <u>孔子</u>曰："益者三友，损者三友。友直，友谅，友多闻，益矣。友便辟，友善柔，友便佞，损矣。"

【译文】

孔子说："有益的朋友有三种，有害的朋友有三种。朋友正直，朋友信实，朋友见闻广博，是益友。朋友谄媚，朋友圆滑，朋友夸夸其谈，是损友。"

【注释】

谅：信也。

便（pián）辟：谄媚逢迎。

善柔：阿谀奉承，圆滑。

便佞：能言善辩，心术不正。

426.益者三乐

16.5 孔子曰："益者三乐，损者三乐。乐节礼乐，乐道人之善，乐多贤友，益矣。乐骄乐，乐佚游，乐宴乐，损矣。"

【译文】

孔子说："有益的快乐三种，有害的快乐三种。以得到礼乐的调节为快乐，以宣扬别人的好处为快乐，以结交良朋好友为快乐，便是有益的。以骄纵享乐为快乐，以放荡闲游为快乐，以宴饮欢乐为快乐，便是有害的。"

【注释】

节礼乐：以礼乐调节。节：限制，约束。此句37个字，有11个"乐"字，除礼乐之"乐"读 yuè，其他都读 lè。

骄乐：骄纵享乐。

佚（yì）游：放纵游荡而无节制。

宴乐：饮宴作乐。此"乐"若是"无乐不称宴"之"乐"，就应读作 yuè。

427. 侍于君子有三愆

16.6 <u>孔子</u>曰："侍于君子有三愆：言未及之而言谓之躁，言及之而不言谓之隐，未见颜色而言谓之瞽。"

【译文】

孔子说："侍奉君子容易出现三种过失：没到你说话的时候抢着说话，这叫急躁，不能自控；该你说了你又吞吞吐吐，这叫隐讳，不够坦诚；不看人脸色贸然开口，这叫盲目，没有眼力。"

【注释】

愆（qiān）：过失。

瞽（gǔ）：盲人。

428. 君子有三戒

16.7 孔子曰："君子有三戒：少之时，血气未定，戒之在色；及其壮也，血气方刚，戒之在斗；及其老也，血气既衰，戒之在得。"

【译文】

孔子说："君子应该有三种戒备：少年时代，血气未定，要警惕贪恋女色没有节制；到了壮年时代，血气方刚，要警惕争强好斗伤及自身；老年时代，气血已经衰弱，要警惕保守所得不再作为。"

【顺义】

"戒之在得"，"得"字最难解，很多注本都解为"贪得""好利"。"凡人之性，少则猖狂，壮则强暴，老则好利。"所以老年时代要警惕贪得无厌，所贪者包括名誉、地位、财货。

人老了还有什么贪得？保守而已。我的辨析是，"得"可作"满足"解，人到老恰恰是满足和保守，反而需要激励，与前两句呼应，文意更畅。

429. 君子有三畏

16.8 孔子曰："君子有三畏：畏天命，畏大人，畏圣人之言。小人不知天命而不畏也，狎大人，侮圣人之言。"

【译文】

孔子说："君子有三种惧怕：怕天命，怕长辈，怕圣人讲的话。小人不知天命，所谓无知者无畏，不敬重长辈，还嘲笑圣人讲的话。"

【注释】

畏：害怕，畏惧，心存顾虑。

大人：长辈。

狎（xiá）：亲昵而不庄重。

【顺义】

"大人"，很多注本解为在上位的人，王公大人，不取。

430. 生而知之者

16.9 <u>孔子</u>曰："生而知之者，上也；学而知之者，次也；困而学之，又其次也。困而不学，民斯为下矣。"

【译文】

孔子说："有天赋异禀生来就知道的，属于上等；后天通过学习而知道的，是次一等；遇到困难再去学习的，再次一等；遇到困难仍然不学的，这样的人就是下等了。"

【注释】

民斯：斯民，指这种人。

431. 君子有九思

16.10 <u>孔子</u>曰："君子有九思：视思明，听思聪，色思温，貌思恭，言思忠，事思敬，疑思问，忿思难，见得思义。"

【译文】

孔子说："君子有九种思考：看，看清楚没有；听，听明白没有；面色，是否温和；态度，是否恭敬；说话，是否诚信；办事，是否认真；有问题，是否向人请教；想发怒，是否考虑后果；看到可以得到的，是否取之有道。"

【注释】

忿思难（nàn）：发怒是否考虑后果。难：灾祸，仇怨。

432. 见善如不及

16.11 孔子曰："见善如不及，见不善如探汤。吾见其人矣，吾闻其语矣。隐居以求其志，行义以达其道。吾闻其语矣，未见其人也。"

【译文】

孔子说："看见别人的善行，努力追赶，好像怕赶不上一样；看到不良的行为，避之不及，好像将手伸进沸水里。我见过这样的人，也听到过这样的话。隐居起来保全自己的理想，或仗义行事践行自己的主张。我听到过这样的话，还没有见到这样的人。"

【注释】

汤：沸水。

433. 齐景公有马千驷

16.12 齐景公有马千驷，死之日，民无德而称焉。伯夷叔齐饿于首阳之下，民到于今称之。（"诚不以富，亦祇以异"）其斯之谓与?

【译文】

齐景公有车驾千乘，死的时候，百姓都说他没有德行。伯夷、叔齐饿死在首阳山下，大家至今还在称颂他们。（"实在不是因为他们富有，而是因为他们品格卓异"）就是这个意思吧?

【注释】

其斯之谓与：岂不是说的就是这个，大概说的就是这个意思吧。

【参见】

"诚不以富，亦祇以异"出自《颜渊第十二》第10句，但译义不同。

434. 陈亢问于伯鱼曰

16.13 陈亢问于伯鱼曰："子亦有异闻乎？"

对曰："未也。尝独立，鲤趋而过庭，曰：'学诗乎？'对曰：'未也。''不学诗，无以言。'鲤退而学诗。他日，又独立，鲤趋而过庭，曰：'学礼乎？'对曰：'未也。''不学礼，无以立。'鲤退而学礼。闻斯二者。"

陈亢退而喜曰："问一得三，闻诗，闻礼，又闻君子之远其子也。"

【译文】

陈亢问孔子的儿子伯鱼："您在老师那里，得到什么与众不同的传授吗？"

伯鱼回答："没有。有一次，他一个人站在庭院中，我轻步走过，他问我：'学习《诗经》了吗？'我说：'没有。'他说：'不学《诗经》，没法和君子在一起讲话。'我下来就学习《诗经》。又一次，他又一个人站在庭中，我很恭敬地从他身边走过。他问我：'学习《礼记》了没有？'我说：'没有。'他说：'不学礼仪，就没有立足社会的依据。'我下来就学习《礼记》。就这两件事。"

陈亢回来后，非常高兴，说："我问一件事，知道了三件，知道了《诗经》，知道了《礼记》，还知道君子并不特殊对待自己的儿子。"

伯鱼：孔子的儿子孔鲤，字伯鱼。

异闻：新的知识，特别的东西。

不学诗，无以言：不读懂《诗经》，就找不到和君子的共同语言。

【顺义】

"不学诗，无以言"，不是说不学《诗经》，就不会说话。而是说，不学《诗经》，无以为君子也，也就不能和君子有共同的语言。

435. 邦君之妻

16.14 邦君之妻，君称之曰夫人，夫人自称曰小童；邦人称之曰君夫人，称诸异邦曰寡小君；异邦人称之亦曰君夫人。

【译文】

国君的妻子，国君称她为"夫人"，她自称为"小童"；国内的人称她为"君夫人"，但对外国人便称她为"寡小君"；外国人称她也是"君夫人"。

阳货第十七

共 26 句

436.阳货欲见孔子

17.1 阳货欲见孔子，孔子不见，归孔子豚。

孔子时其亡也，而往拜之。

遇诸涂。

谓孔子曰："来，予与尔言。"曰："怀其宝而迷其邦，可谓仁乎？"曰："不可。""好从事而亟失时，可谓知乎？"曰："不可！""日月逝矣，岁不我与！"

孔子曰："诺，吾将仕矣。"

【译文】

阳货想见孔子，孔子不见。他便送一只小猪给孔子。

孔子趁他不在家的时候去回拜。

不巧在路上遇到了。

阳货对孔子说："来，我和你说话。"说："空有一身本领，听任你的国家处于迷乱状态，这是仁德吗？"孔子说："不是。"阳货又说："想做事又屡次放过机会，这叫聪明吗？"孔子说："不是。"阳货叹道："日子一天天过去，时间不等人啊！"

孔子说："好吧，我出来做官。"

【注释】

归：同"馈"。

豚（tún）：小猪，或烤乳猪。

时其亡：等他外出的时候。

遇诸涂：在路上遇到他。涂：同"途"。

亟（qì）失时：屡次放过机会。亟：屡次。

437.性相近也，习相远也

17.2 子曰："性相近也，习相远也。"

【译文】

孔子说："人性本相接近，因其习染积久，使其各有不同。"

438. 唯上知与下愚不移

17.3 子曰："唯上知与下愚不移。"

【译文】

孔子说："大智之人和至愚之人，唯有这两种人，不会因为所处环境的影响而改变。"

【顺义】

难解章句之一。不移：什么不移？性情，地位，贫富？上智和下愚，古今颇有异说。有说最上等的大智之人和最下等的愚笨之人，不容易被改变；有说除了这两种人外，其他人所谓"中人"，都可以通过教育得到改变，正好承接上一句"性相近，习相远"；有说是封建等级制度的阶层固化。我的理解是，大智之人生而知之和至愚之人困而不学，根器最好，自性不易转移。孔子或认为唯有这两种人，才最接近于"仁"和"道"，接近本性，没有劣根需要拔除。全句应是：唯上知与下愚本性不移。

439.子之武城

17.4 子之<u>武城</u>，闻弦歌之声。夫子莞尔而笑，曰："割鸡焉用牛刀？"

子游对曰："昔者<u>偃</u>也闻诸夫子曰：'君子学道则爱人，小人学道则易使也。'"

子曰："二三子，<u>偃</u>之言是也。前言戏之耳。"

【译文】

孔子到了武城这个小地方，听到有琴瑟歌咏之声，不经意笑了一下，说："杀鸡，何必用宰牛的刀？"

子游对孔子说："以前我听老师说过，君子学习礼乐就会爱人，民众学习礼乐就容易派遣。"

孔子说："学生们，言偃的话是对的。我前面的话是句玩笑话。"

【注释】

莞尔（wǎněr）：微笑的样子。

子游：姓言，名偃，字子游。

【顺义】

孔子的下意识是，治理这个小地方，还用得着礼乐吗？子游说，礼乐到哪里都是有用的。孔子知道自己刚才说错了，就用话搪塞。

440.公山弗扰以费畔

17.5 公山弗扰以费畔，召，子欲往。

子路不说，曰："末之也已，何必公山氏之之也？"

子曰："夫召我者，而岂徒哉？如有用我者，吾其为东周乎！"

【译文】

公山弗扰盘踞费城造反，召孔子去，孔子打算去。

子路不高兴，说："你就没有地方去了吗？为什么一定要去公山氏那里呢？"

孔子说："他召我去，我难道会无所作为吗？如果有人用我，我将兴周道于东方！"

【注释】

畔：同"叛"。

末之也已：没有也就算了。末：没有；之：去处；已：止，罢。末之：无处可去。

之之：第一个"之"是去，第二个"之"是那里。

而岂徒哉：难道会无所作为吗？徒：枉然、空白。

吾其为东周乎：吾其为：我大概可以。兴周道于东方，故曰东周也。不是朝代的东周。

441. 子张问仁于孔子

17.6 子张问仁于孔子。孔子曰:"能行五者于天下为仁矣。"

"请问之。"曰:"恭、宽、信、敏、惠。恭则不侮,宽则得众,信则人任焉,敏则有功,惠则足以使人。"

【译文】

子张问孔子如何才能做到仁。孔子说:"能行五种德行于天下,就可以说是仁了。"

子张说:"请问哪五种?"孔子说:"庄重、宽厚、诚信、勤勉、施惠。庄重就不会遭受侮辱,宽厚就可以受到拥护,诚信就会得到任用,勤勉就能获得功绩,施惠便容易使唤民众。"

442.佛肸召，子欲往

17.7 佛肸召，子欲往。

子路曰：“昔者由也闻诸夫子曰：‘亲于其身为不善者，君子不入也。’佛肸以中牟畔，子之往也，如之何？”

子曰：“然，有是言也。不曰坚乎，磨而不磷；不曰白乎，涅而不缁。吾岂匏瓜也哉？焉能系而不食？”

【译文】

佛肸召孔子，孔子打算去。

子路曰：“从前我听老师说过，亲自做坏事的人那里，君子是不去的。如今佛肸盘踞中牟谋反，您却要去，怎么说得过去呢？”

孔子说：“对，我说过这句话。我也听说过，最坚固的东西，磨也磨不薄；洁白的东西，染也染不黑。我难道是那匏瓜吗，一直挂在那里不给人吃？”

【注释】

佛肸（bìxī）：晋国大夫范中行的家臣。

磷（lín）：薄也。

涅（niè）：一种黑色染料，这里作动词，染黑之意。

缁（zī）：黑色。

匏（páo）：匏瓜，有甘、苦两种，苦的不能吃，可以系于腰，用以泅渡。

443.女闻六言六蔽矣乎

17.8 子曰:"<u>由</u>也,女闻六言六蔽矣乎?"对曰:"未也。"

"居!吾语女。好仁不好学,其蔽也愚;好知不好学,其蔽也荡;好信不好学,其蔽也贼;好直不好学,其蔽也绞;好勇不好学,其蔽也乱;好刚不好学,其蔽也狂。"

【译文】

孔子说:"仲由!你听说过有六种美德便会有六种流弊吗?"仲由说:"没有。"

孔子说:"坐下,我告诉你。爱好仁德却不加以学习,流弊是受人愚弄;爱好智慧却不加以学习,流弊是任性恣情;爱好诚信却不加以学习,流弊是易受伤害;爱好耿直却不加以学习,流弊是愤世误公;爱好勇敢却不加以学习,流弊是易生祸端;爱好刚强却不加以学习,流弊病是胆大妄为。"

【注释】

六言六蔽:言:美言、美德;蔽:毛病、弊端。

居:坐。

知:同"智"。

贼:伤害。

绞:尖酸刻薄,不通情理。

507

444. 小子何莫学夫诗

17.9 子曰：“小子何莫学夫诗？诗，可以兴，可以观，可以群，可以怨。迩之事父，远之事君；多识于鸟兽草木之名。”

【译文】

孔子说：“年轻人为什么不学习《诗经》？读诗，可以启发情志，可以观察事物，可以结交益友，可以怨刺不平。在家可以侍奉父母，在外可以侍奉国君；还可以知道许多鸟兽草木的名称。”

【注释】

何莫：何不，何不如。

兴：起也，启发。

迩：近也。

445．子谓伯鱼曰

17.10 子谓伯鱼曰："女为周南召南矣乎？人而不为周南召南，其犹正墙面而立也与！"

【译文】

孔子对伯鱼说："你研读过《周南》《召南》了吗？不研究《周南》和《召南》，就好像面对着墙壁傻站着一样。"

【注释】

周南、召南：《诗经》篇名，位于"国风"之首，学诗首先要学这两篇。《周南》和《召南》，都是南方地区的民歌。

446. 礼云礼云

17.11 子曰：“礼云礼云，玉帛云乎哉？乐云乐云，钟鼓云乎哉？”

【译文】

孔子说：“礼啊礼啊！仅仅是供献玉帛这样的仪式吗？乐呀乐呀！仅仅是敲打钟鼓这样的场面吗？”

447. 色厉而内荏

17.12 子曰: "色厉而内荏, 譬诸小人, 其犹穿窬之盗也与?"

【译文】

孔子说: "表面满不在乎, 内心空虚而胆怯, 没有道德品行的小人, 就像这样挖洞翻墙的小偷吧?"

【注释】

荏 (rěn): 软弱, 怯懦。

譬诸小人: 拿没有品行的小人作比。诸: 之于。

穿窬 (yú): 翻墙。

448.乡愿，德之贼也

17.13 子曰："乡愿，德之贼也。"

【译文】

孔子说："貌似好人，没有是非，这才是道德的祸害哩。"

【注释】

乡愿：指乡里貌似谨厚，实则流俗合污的伪善者。

449.道听而涂说

17.14 子曰："道听而涂说，德之弃也。"

【译文】

孔子说："听到传言，不加查证就四处散布，这是道德所唾弃的。"

【注释】

涂：同"途"。

450. 鄙夫可与事君也与哉

17.15 子曰："鄙夫可与事君也与哉？其未得之也，患得之。既得之，患失之。苟患失之，无所不至矣。"

【译文】

孔子说："人品差的人，怎么能同他一起共事呢？这种人，没有得到的时候，生怕得不到；得到以后，又生怕失去。如果什么都不能失去，那他什么事情都做得出来。"

【注释】

鄙夫：庸俗浅陋的人。

事君：和君子共事。

【顺义】

"事君"，一般讲都是侍奉国君。我解为和君子一起共事，更符合文意。"夫孝，始于事亲，中于事君，终于立身。""事君"就是指恪尽职守，为国办事，竭尽忠心。

451. 古者民有三疾

17.16 子曰：“古者民有三疾，今也，或是之亡也。古之狂也肆，今之狂也荡；古之矜也廉，今之矜也忿戾；古之愚也直，今之愚也诈而已矣。”

【译文】

孔子说：“古人有三种可贵的毛病，今天呢，或许连这些都没有了。古人的狂是率性，今天的狂是放荡；古人的矜是自持，今天的矜是蛮横；古人的愚是耿直，今天的愚是欺诈。”

【注释】

疾：本义是病，此处指气质上的缺点。

或是之亡（wú）：或许连这也没有了。是：这个；亡：同“无”。

肆：恣意，毫无顾忌，率性。

矜：本义拘束，引申为自持，竭力保持庄重。

廉：器物的棱角，喻有原则底线，行为端正。

忿戾（lì）：蛮横无理，动辄发怒。戾：凶暴，乖张。

452.巧言令色，鲜矣仁

17.17 子曰："巧言令色，鲜矣仁。"

【译文】

孔子说："花言巧语，谄媚奉迎，这种人缺德无礼。"

【参见】

《学而第一》第3句。重出。

453.恶紫之夺朱也

17.18 子曰:"恶紫之夺朱也,恶郑声之乱雅乐也,恶利口之覆邦家者。"

【译文】

孔子说:"紫色占夺红色的正统地位,可恶;郑国的靡靡之音破坏了正统音乐的典雅高贵,可恶;多言少实,说媚时君,颠覆国家的人,更可恶。"

【注释】

恶紫夺朱:厌恶紫色占夺红色的位置。朱是正色,紫是杂色,春秋时候,紫色代替朱色成为诸侯衣服的颜色。

雅乐:正统音乐。

利口:伶牙俐齿,能言善辩。孔安国注:"利口之人,多言少实。苟能说媚时君,倾覆国家。"

454.予欲无言

17.19 子曰："予欲无言。"子贡曰："子如不言，则小子何述焉？"子曰："天何言哉？四时行焉，百物生焉。天何言哉？"

【译文】

孔子说："我不想再说话了。"子贡说："您不说话，那我们怎么记述呢？"孔子说："天说话了吗？不是照样四时运行，万物生长。天说什么了吗？"

455. 孺悲欲见孔子

17.20 <u>孺悲</u>欲见<u>孔子</u>, <u>孔子</u>辞以疾。将命者出户, 取瑟而歌, 使之闻之。

【译文】

孺悲想见孔子, 孔子推说有病。传话的人出门后, 孔子便取下琴瑟, 开始唱歌, 故意让他听到。

【注释】

将命者: 传话的人。

【顺义】

难解章句之一。不见就不见, 为什么要这样做, 没有交待。或是特别不喜欢孺悲这个人, 才故意用这种方式对待, 也够率性的。有说孔子不见, 故意取瑟而歌, 正是所谓不言之教。溢美了。

456. 三年之丧，期已久矣

17.21 宰我问："三年之丧，期已久矣！君子三年不为礼，礼必坏；三年不为乐，乐必崩。旧谷既没，新谷既升，钻燧改火，期可已矣。"

子曰："食夫稻，衣夫锦，于女安乎？"

曰："安！"

"女安，则为之！夫君子之居丧，食旨不甘，闻乐不乐，居处不安，故不为也。今女安，则为之！"

宰我出。子曰："予之不仁也！子生三年，然后免于父母之怀。夫三年之丧，天下之通丧也，予也有三年之爱于其父母乎！"

【译文】

宰我问："三年居丧守孝，未免太久了吧。君子三年不习用礼仪，礼就丧失了它的制约作用；三年不演奏音乐，乐就失掉了它的教化作用。陈谷已经吃完，新谷已经收割升仓，打火用的燧木，四季不同，也经过了一年轮回。所以守孝的时间，一年就可以了。"

孔子说："这三年，吃精细的白米饭，穿漂亮的花绸缎，你安心吗？"

宰我说："安心啊。"

孔子说："你安心，你就这么做！君子守孝，吃饭没味道，听音乐没感觉，起卧不安心，所以他们才不会那么做。你感到安心，你就这么做好了！"

宰我走后，孔子说："宰予不是个仁义的人！儿女生下地来，三年以后才能脱离父母的怀抱。替父母守孝三年，天下儿女都是这么做的。宰予难道没有从他父母那里，得到三年的关怀吗？"

【注释】

宰我：宰氏，名予，字子我。

钻燧（suì）改火：取火用的燧木，经过了一年的轮回。钻木取火的方法，被钻之木，四季不同，一年一轮回。

期（jī）可已矣：一年就可以了。期：一年。不是"期已久矣"之"期"（qī）。

稻：北方以稷即小米为主食，属粗粮，南方以稻即大米为主食，属细粮。"稻"与"锦"为对文。

食旨不甘：吃好吃的不觉得甜美。旨：美味。

居处不安：起卧不安心。古代守孝住草庐，"居处"指平日的居所。

通丧：上下通行的丧礼。

457. 饱食终日，无所用心

17.22 子曰："饱食终日，无所用心，难矣哉！不有博弈者乎？为之，犹贤乎已。"

【译文】

孔子说："整天吃饱了饭，对什么事都不关心，这样可不行！看到那些局戏和下棋的人了吧，做事，总比不做好。"

【注释】

博弈：博：局戏，棋牌游戏；弈：围棋。

犹贤乎已：总比不做好吧。犹贤乎：总比（什么）好吧。已：止也，在这里不是语气词，是不动作的意思。

【顺义】

闲居为不善，宰予昼寝，孔子说他"朽木不可雕"。

458.君子尚勇乎

17.23 子路曰："君子尚勇乎？"子曰："君子义以为上。君子有勇而无义为乱，小人有勇而无义为盗。"

【译文】

子路说："君子崇尚勇敢吗？"孔子说："君子最应崇尚的是仁义。君子勇敢而不讲仁义，就会做乱国之事，小人勇敢而不讲仁义，就会做盗贼之事。"

【注释】

义以为上：以义为上。

459. 君子亦有恶乎

17.24 子贡曰："君子亦有恶乎？"子曰："有恶。恶称人之恶者，恶居下流而讪上者，恶勇而无礼者，恶果敢而窒者。"

曰："赐也亦有恶乎？""恶徼以为知者，恶不孙以为勇者，恶讦以为直者。"

【译文】

子贡说："君子也有憎恶的事吗？"孔子说："当然有。君子憎恶讲别人坏话的人，毁谤自己上位的人，勇武但不守礼节的人，果敢但固执专断的人。"

然后孔子问："端木赐，你也有憎恶的事吗？"子贡说："我赠恶的是：抄袭别人而冒称聪明的人，傲慢无礼而冒称勇敢的人，揭人隐私而冒称耿直的人。"

【注释】

子贡：姓端木，名赐，字子贡。

下流：居于下位，下属的意思。

讪（shàn）上：诽谤在上位者，多为毁谤君王。讪：讥笑，讥讽。

窒：塞也。阻塞，不通。引申为固执、专断。

徼（jiǎo）：抄也。抄人之意，据为己有。

讦（jié）：揭人隐私。

460. 唯女子与小人为难养也

17.25 子曰："唯女子与小人为难养也，近之则不孙，远之则怨。"

【译文】

孔子说："女人和小人是最难相处的，跟他们走近，他们会无礼，疏远了，又埋怨。"

【顺义】

难解章句之一。其实并非难解，自古以来，见是贤者就着意回护，虽有过错，都从好处替他想。孔子怎么把女人和男人一起骂了呢？还不吐脏字！我赞成孔子的话。孔子说女人与小人最难相处，对她太爱护了，她就恃宠而骄，动辄得咎。对她不好，她就恨之入骨，至死方休。而男人呢，"茫茫宇宙人无数，几个男儿是丈夫"。故"士不可以不弘毅"，君子须"坦荡荡"，有所期待也已。

461. 年四十而见恶焉

17.26 子曰："年四十而见恶焉，其终也已。"

【译文】

孔子说："到了四十岁还被人厌恶，这辈子就算完了。"

微子第十八

共11句

462. 微子去之

18.1 <u>微子</u>去之，<u>箕子</u>为之奴，<u>比干</u>谏而死。<u>孔子</u>曰："<u>殷</u>有三仁焉。"

【译文】

微子离开了国家，箕子做了奴隶，比干因劝谏而被处死。孔子说："殷商末年有这么三个仁人。"

【注释】

微子：纣王的同母兄。

箕（jī）子、比干：都是纣王的叔父。

463. 柳下惠为士师

18.2 <u>柳下惠</u>为士师，三黜。人曰："子未可以去乎？"曰："直道而事人，焉往而不三黜？枉道而事人，何必去父母之邦？"

【译文】

柳下惠做刑狱执法官，三次被免职。有人对他说："你为什么不走呢？"他说："以正当的行为办事，到哪里去不都会被免职吗？如果以不正当的方法来办事，那又何必离开自己的祖国。"

【注释】

士师：古代执掌禁令刑狱的官名。

黜（chù）：降职，罢免。

直道：正直之道。

枉道：违背正道，邪曲之道。

父母之邦：指祖国，这里指鲁国。

464.齐景公待孔子曰

18.3 齐景公待孔子曰："若季氏，则吾不能；以季孟之间待之。"曰："吾老矣，不能用也。"孔子行。

【译文】

齐景公讲到对待孔子的规格时说："像对待季氏那样，我做不到，可以给他介于季氏、孟氏之间的待遇。"不久，又说道："我老啦，没有什么想法了，不能用他了。"孔子听到这话，就离开了齐国。

【注释】

季氏：鲁国三大家族中，季氏最强，在鲁国是上卿，地位最高。

465.齐人归女乐

18.4 <u>齐</u>人归女乐，<u>季桓子</u>受之，三日不朝，<u>孔子</u>行。

【译文】

齐国送来歌舞伎，季桓子接受了，三天不上朝办事，孔子就离职走了。

【注释】

归：同"馈"。

女乐（nǚlè）：乐舞奴隶，是继巫而起的专业歌舞艺人。

466. 楚狂接舆歌而过

18.5 **楚狂接舆**歌而过**孔子**曰："凤兮凤兮，何德之衰？往者不可谏，来者犹可追。已而，已而！今之从政者殆而！"

孔子下，欲与之言。趋而辟之，不得与之言。

【译文】

楚国的狂人接舆唱着歌经过孔子，说："凤凰啊凤凰！为什么德行会衰落成这样！过去做错的不用说了，但未来的还来得及改正。算了吧，算了吧！现在从政的人危乎其危！"

孔子下车，想同他谈谈。他却快步避开，孔子没能同他交谈。

【注释】

何德之衰：句式应是：德之衰何。

辟：同"避"。

467. 长沮、桀溺耦而耕

18.6 长沮、桀溺耦而耕，孔子过之，使子路问津焉。

长沮曰："夫执舆者为谁？"

子路曰："为孔丘。"

曰："是鲁孔丘与？"

曰："是也。"

曰："是知津矣。"

问于桀溺。

桀溺曰："子为谁？"

曰："为仲由。"

曰："是鲁孔丘之徒与？"

对曰："然。"

曰："滔滔者天下皆是也，而谁以易之？且而与其从辟人之士也，岂若从辟世之士哉？"耰而不辍。

子路行以告。

夫子怃然曰："鸟兽不可与同群，吾非斯人之徒与而谁与？天下有道，丘不与易也。"

【译文】

长沮、桀溺并肩耕作，孔子从旁经过，让子路去问过河的渡口。

长沮问："你为谁赶车。"

子路说："是孔丘。"

长沮问："是鲁国那个孔丘吗？"

子路说："是啊。"

长沮说："他怎么会不知道渡口在哪儿呢？"

子路又问桀溺。

桀溺问："你是什么人？"

子路说："我叫子路。"

桀溺问："是鲁国孔丘的学生吗？"

子路回答："是的。"

桀溺就说："滔滔浊水到处泛滥，谁能使它改变呢？与其跟随你的老师到处躲避坏人，还不如跟随我们这样的人躲避世事。"他继续耕作，也不停歇。

子路回来跟孔子说了。

孔子颇为惆怅，说："就像鸟与兽不能同群，人各有志，我与他们也不是同路人。可是谁又与我同行呢？如果天下清平，我才不会寻求改变它哩。"

【注释】

长沮（jǔ）、桀（jié）溺：都不是真姓名，这是在讲故事，自编的姓名。

耦而耕：耦耕，指两个人并肩而耕。

津：渡口。

且而：再说了，况且，表示进一层。

辟人之士：躲避坏人的人，孔子这样的人。辟：同"避"。

辟世之士：躲避世事的人，躲避世事自然就躲避了坏人，像长沮、桀溺这样的人。

耰（yōu）：播种之后，以土覆之，摩而平之，鸟不能啄。

怃（wǔ）然：怅惘失意之貌。

斯人之徒与：倒装句，宾语前置，即：与斯人之徒。与：相与、交往；斯人：这些人；徒：徒众，群体。

谁与：也是倒装，即：与谁。意即：我不与这些人交往，那与谁交往呢。

丘不与易：我就不与你们一起来改变它。与：跟，同。

468.子路从而后

18.7 子路从而后，遇丈人，以杖荷蓧。

子路问曰："子见夫子乎？"

丈人曰："四体不勤，五谷不分，孰为夫子？"植其杖而芸，子路拱而立。

止子路宿，杀鸡为黍而食之，见其二子焉。

明日，子路行以告。

子曰："隐者也。"使子路反见之，至，则行矣。

子路曰："不仕无义。长幼之节，不可废也；君臣之义，如之何其废之？欲洁其身，而乱大伦。君子之仕也，行其义也。道之不行，已知之矣。"

【译文】

子路跟随孔子出行，落在后面，碰见一位老人，用木棍扛着耘田农具。

子路问："你看见我的老师了吗？"

老人说："四肢不劳动，五谷不认识。他还是你的老师？"老人把木棍杵在地上，便去锄草。

子路拱手站在一边。

老人留子路回家过夜，杀鸡做饭给子路吃，还把两个儿子叫来相见。

第二天，子路继续赶路，赶上孔子，并告诉了孔子这件事。

孔子说："这是隐士。"要子路再回去找他。子路回去，老人却已走开了。

子路说："不去做官，这是不仗义的。既然长幼的秩序不能废弃，同样，君臣的关系又怎能废弃呢？为了自己一身洁净，却破坏了重要的社会关系。君子出来做官，是尽应尽之责。至于我们的主张行不通，我们早就知道了。"

【注释】

丈人：指老者。

荷：扛，背。

蓧（diào）：竹编的耘田工具。

芸：通"耘"，除草。

止子路宿：止宿：留宿。

不仕无义：不做官是不合道理的。仕：出仕，做官；义：本义是"宜"，指正当的，恰当的。

大伦：世间的大伦常，此指君臣之伦常。

君子之仕也，行其义也：君子出任做官，是为了施行道义。

469.逸民

18.8 逸民：**伯夷、叔齐、虞仲、夷逸、朱张、柳下惠、少连**。子曰："不降其志，不辱其身，**伯夷、叔齐**与！"谓："**柳下惠、少连**降志辱身矣，言中伦，行中虑，其斯而已矣。"谓："**虞仲、夷逸**隐居放言，身中清，废中权。我则异于是，无可无不可。"

【译文】

避世隐居的人是他们：伯夷、叔齐、虞仲、夷逸、朱张、柳下惠、少连。孔子说："不放弃自己的志向，不辱没自己的身心，是伯夷、叔齐吧！"孔子说："柳下惠，少连，降低了自己的意志，屈辱了自己的身份，但说话合乎礼数，行为经过考虑，也就不错了。"又评价虞仲、夷逸："他们逃世隐居，可以随意言论，弃官修身，合乎时宜。我就和他们不一样，没有什么可以，也没有什么不可以的。"

【注释】

言中（zhòng）伦：说话合乎礼数。中：符合，合乎。

行中虑：行为经过思考。

身中清：人格合乎清白。

废中权：放弃也是合乎权宜。

470. 太师挚适齐

18.9 太师挚适齐，亚饭干适楚，三饭缭适蔡，四饭缺适秦，鼓方叔入于河，播鼗武入于汉，少师阳、击磬襄入于海。

【译文】

大乐师挚去了齐国，第二乐师干去了楚国，第三乐师缭去了蔡国，四乐师缺去了秦国，鼓手方叔到了黄河边，摇拨浪鼓的武到了汉水边，乐官的阳和击磬的襄到了东海之滨。

【注释】

亚饭：天子、诸侯每食奏乐，乐章各异，各有乐师，所以乐师有亚饭、三饭、四饭之名。或说亚饭是天子、诸侯第二次进食时奏乐侑食的乐师亦可。

鼗（táo）：拨浪鼓。

少师：古代官名，"三孤"（少师、少傅、少保）之一。这里指乐官。

471. 周公谓鲁公曰

18.10 <u>周公</u>谓<u>鲁公</u>曰:"君子不施其亲,不使大臣怨乎不以。故旧无大故,则不弃也,无求备于一人!"

【译文】

周公对鲁公说:"君子不要疏远、怠慢他的亲族,不要让大臣们抱怨不被重视。旧日的部属没有大的过错,不要放弃他们。不要对某一个人求全责备!"

【注释】

施:同"弛",松弛,弃置,引申为疏远、怠慢。

怨乎不以:不要让大臣抱怨不被重用。以:用。

【顺义】

告诉君子如何用人,是从亲人、亲族,再到大臣、故旧,一层一层往外推。

"不施其亲",另一译为:不放松对自己亲族的管束。亦可。

472. 周有八士

18.11 周有八士：**伯达、伯适、仲突、仲忽、叔夜、叔夏、季随、季骗**。

【译文】

周朝有八个有教养的人，他们是：伯达、伯适、仲突、仲忽、叔夜、叔夏、季随、季骗。

【注释】

周有八士：按伯、仲、叔、季排列，似四对兄弟。

子张第十九

共 25 句

473.士见危致命

19.1 子张曰："士见危致命，见得思义，祭思敬，丧思哀，其可已矣。"

【译文】

子张说："君子见到危难肯于献出生命，见到利益要想是否取之有道，祭祀时注意严肃恭敬，居丧时表现悲痛哀伤，这样就可以了。"

【注释】

见危：不是危险，是国家危难。

474. 执德不弘

19.2 **子张**曰:"执德不弘,信道不笃,焉能为有?焉能为亡?"

【译文】

子张说:"执守仁德不能发扬光大,信仰道义不能坚定忠实,德与道对于他,这算是有呢,还是没有呢?"

【注释】

亡:同"无"。

【顺义】

"焉能为有?焉能为亡?"很多注本解为:这样的人可有可无,有他不为多,没他不为少。均与词义不符。其实很简单,就是说对于德与道,他都做了,只是不用力,又不坚信,那德与道对于他,是有呢还是没有呢,他自己是信守了还是没有信守。李泽厚注本译为"这怎么能算有,又怎么能算没有",意思是对的,但"有"什么,没有说清。

475. 子夏之门人问交于子张

19.3 子夏之门人问交于子张。子张曰：“子夏云何？”

对曰：“子夏曰：‘可者与之，其不可者拒之。’”

子张曰：“异乎吾所闻。君子尊贤而容众，嘉善而矜不能。我之大贤与，于人何所不容？我之不贤与，人将拒我，如之何其拒人也？”

【译文】

子夏的学生向子张讨教如何交友。子张问：“子夏怎么说？”

回答道：“子夏说：可交可不交。可以交的就交，不可交的就拒绝。”

子张说：“这不同于我所听到的。君子尊敬贤德而心怀宽广，能与各种人交往，赞赏有能力的人，宽容能力差的人。如果我有大贤大德，什么人我容不下？如果我贤德不济，那别人早就拒绝了我，还等着我拒绝别人吗？”

【注释】

容众：心怀宽广，能与各种人交往。

嘉善：赞美好人好事。

矜不能：同情或怜悯能力差的人。

我之大贤与：如果我为大贤，此“与”是语气词，但不能同“欤”，这里有“如果”的意思，又当连词用，表示假设。

【顺义】

"嘉善而矜不能"，直译就是：赞赏好人又同情能力差的人。如果引申为赞赏有能力的人，宽容能力差的人，则文意更好，与前句尊敬贤德的人又能包容各色人等相呼应。

476. 虽小道必有可观者焉

19.4 <u>子夏</u>曰："虽小道必有可观者焉，致远恐泥，是以君子不为也。"

【译文】

子夏说："就是小技艺，也一定有可取之处。但是想要做远大事业，便不能拘泥于小工小技，所以君子不做这样的事。"

【注释】

泥：阻滞，拘泥。

477. 日知其所亡

19.5 子夏曰: "日知其所亡, 月无忘其所能, 可谓好学也已矣。"

【译文】

子夏说: "每天都要知道什么是自己所缺的, 月月都不要忘记已经学过的, 这就可以叫好学了。"

【注释】

亡: 同"无"。

478.博学而笃志

19.6 <u>子夏</u>曰："博学而笃志，切问而近思，仁在其中矣。"

【译文】

子夏说："广泛地学习，且能坚守自己的志向，诚恳地提问，并能思考当前的问题，仁德就在其中了。"

【注释】

切问：诚恳地请教。切：实在，诚恳。

近思：思考与自己的事情相关的问题，意指不要胡思乱想，不切实际。

479. 百工居肆以成其事

19.7 <u>子夏</u>曰："百工居肆以成其事，君子学以致其道。"

【译文】

子夏说："各行各业的工匠都在制造场所完成他们的工作，读书人学习的目的，也是为了完成他们的事业。"

【注释】

肆：作坊，店铺。

480. 小人之过也必文

19.8 <u>子夏</u>曰：“小人之过也必文。”

【译文】

子夏说：“小人有了过错，还要掩饰。”

【注释】

文：掩饰，文过饰非。

481. 君子有三变

19.9 <u>子夏</u>曰："君子有三变：望之俨然，即之也温，听其言也厉。"

【译文】

子夏说："君子的态度有三种变化：看起来很严肃，接近他却温和可亲，听他说话的语言，又是严厉不苟。"

482. 君子信而后劳其民

19.10 子夏曰："君子信而后劳其民；未信，则以为厉己也。信而后谏；未信，则以为谤己也。"

【译文】

子夏说："君主要得到民众的信任以后，才去差使他们；还没有得到信任就使唤他们，民众会认为是强迫。大臣也一样，要得到国君信任后，再去劝谏；没有得到信任就去进谏，国君会认为是在毁谤。"

483.大德不逾闲

19.11 子夏曰："大德不逾闲，小德出入可也。"

【译文】

子夏说："重大节操不能越过界限，作风上的细微小节，放松一点是可以的。"

【注释】

闲：指门阑，栅栏。不逾闲即不跨过门阑，引申为不超越界限。

484. 子夏之门人小子

19.12 子游曰:"子夏之门人小子,当洒扫应对进退,则可矣。抑末也,本之则无,如之何?"

子夏闻之,曰:"噫,言游过矣!君子之道,孰先传焉?孰后倦焉?譬诸草木,区以别矣。君子之道,焉可诬也?有始有卒者,其惟圣人乎!"

【译文】

子游说:"子夏的学生,做些打扫和迎送的事情是可以的,但这些不过是细枝末节,根本的东西都没有没学到,这怎么行呢。"

子夏听到这话,便说:"咳,言游错了!君子的学问,哪一种先教,哪一种后教,好像树木花草,各有种类区别。君子的教学方法,怎么能这样曲解呢?有始有终循序渐进的,大概只有圣人才能做到。"

【注释】

子游:姓言,名偃,字子游,亦称言游。

抑:连词,表示转折,这里是"可是"的意思。

末:非根本的,次要的,细碎的。

倦:这里指教诲,"诲人不倦"。

诬:抹杀。这里指曲解。

485. 仕而优则学

19.13 <u>子夏</u>曰："仕而优则学，学而优则仕。"

【译文】

子夏说："做好了官，行有余力，还要学习精进；做好了学问，如有余裕，入仕从而服务社会。"

【注释】

优：饶也。有多余的时间或者精力。

【顺义】

"学而优则仕"，一般理解是：做好了学问，才有机会做官。这是误读。前面还有一句话，"仕而优则学"，意思是：若有余裕，当官也要学习精进。后面一句就是：做好了学问，就应该当官行道，为官从政，实现经世济民的伟大理想。不仕无义，有了学问不做官是不合乎道理的。

486.丧致乎哀而止

19.14 子游曰:"丧致乎哀而止。"

【译文】

子游说:"居丧,充分表达了哀思,就可以了,不必过分。"

【注释】

致:达到,充分表达。

487. 吾友张也

19.15 子游曰："吾友张也，为难能也，然而未仁。"

【译文】

子游说："我的朋友子张，已经难能可贵了，但还没有达到最高的境界。"

488.堂堂乎张也

19.16 曾子曰：“堂堂乎张也，难与并为仁矣。”

【译文】

曾子说：“子张！他仪表堂堂，可惜他的道德学问，还不能像他的外表一样威仪堂堂。”

489. 人未有自致者也

19.17 <u>曾子</u>曰："吾闻诸夫子，人未有自致者也，必也亲丧乎！"

【译文】

曾子说："我听我的老师说，人很少有痛心疾首的时候，如果有，一定是在他父母死亡的时候。"

【注释】

自致：竭尽自己的心力，凭主观努力而得。这里指痛心疾首。

【顺义】

另一译文亦可：凭主观的努力求学问道，构成有恒的行为，达到最后的目标，这样的事例不多。就像只有在亲人死亡的时候，才能产生出自内心的悲哀。

490. 孟庄子之孝也

19.18 曾子曰："吾闻诸夫子, 孟庄子之孝也, 其他可能也; 其不改父之臣与父之政, 是难能也。"

【译文】

曾子说："我听我的老师说, 孟庄子的孝顺, 别的都容易做到; 而留用他父亲的僚属, 不改他父亲的旧政, 这是别人难以做到的。"

491. 孟氏使阳肤为士师

19.19 孟氏使阳肤为士师，问于曾子。曾子曰："上失其道，民散久矣。如得其情，则哀矜而勿喜！"

【译文】

孟氏任命阳肤做法官。阳肤向曾子求教。曾子说："当今施政者失去道义，人民早已离心离德。假若你审出犯罪的实情，应该哀怜他们，而不是高兴。"

【注释】

哀矜：哀怜、怜悯。

492. 纣之不善

19.20 子贡曰："纣之不善，不如是之甚也。是以君子恶居下流，天下之恶皆归焉。"

【译文】

子贡说："纣王的不善，并不像传说的那么过分。所以君子最厌恶居于低洼处，一旦有了坏名声，天下所有的脏水都会泼到他身上。"

【注释】

下流：江河的下游，引申为不正派，卑鄙龌龊。

493. 君子之过也

19.21　子贡曰："君子之过也，如日月之食焉。过也，人皆见之；更也，人皆仰之。"

【译文】

子贡说："君子犯了错误，就像日蚀月蚀一样。犯错误，人都看见；改正了，人都敬仰。"

【注释】

更：更正，改过。

494.卫公孙朝问于子贡曰

19.22 卫公孙朝问于子贡曰:"仲尼焉学?"子贡曰:"文武之道,未坠于地,在人。贤者识其大者,不贤者识其小者。莫不有文武之道焉。夫子焉不学?而亦何常师之有?"

【译文】

卫国的公孙朝向子贡问道:"仲尼的学问是从哪里学来的?"子贡回答说:"文王、武王的道德礼制,并没有失传,而是流传在人间。贤能的人可以得到大的道理,才能不够的人也能得到一些小智慧。文武之道无处不在,无处不有。我的老师何时何处不在学习?又为什么要有固定的老师呢?"

【注释】

焉学:从哪里学。

未坠于地,在人:并没有消失,仍在人间流传。

常师:固定的老师。

495. 叔孙武叔语大夫于朝曰

19.23 <u>叔孙武叔</u>语大夫于朝曰："<u>子贡</u>贤于<u>仲尼</u>。"子服景伯以告<u>子贡</u>。

<u>子贡</u>曰："譬之宫墙，<u>赐</u>之墙也及肩，窥见室家之好。夫子之墙数仞，不得其门而入，不见宗庙之美，百官之富。得其门者或寡矣，夫子之云，不亦宜乎！"

【译文】

叔孙武叔在朝廷上对大夫们说："子贡比他的老师仲尼还要强一些。"子服景伯告诉了子贡。

子贡说："好比围墙，我家的墙只及肩膀高，你可以看到里面齐整雅致的陈设。我老师家的墙数丈之高，如果找不到门进去，你就看不到里面那宗庙之壮美，房舍之富丽。能够进得这大门的，或许不多吧。所以武叔才说出这样的话，不也很自然吗？"

【注释】

宫墙：围墙。

室家：房舍、宅院。

数仞（rèn）：数丈。仞：古时周制八尺、汉制七尺为一仞，这里简译成丈，会意即可。

百官之富：各个房舍的富丽多彩。官：本义是房舍，后来才引申为做官，官职。

【顺义】

"赐之墙也及肩，窥见室家之好"，引申译法为：不过您说得也对，我的学问浅薄，一眼就看穿了。

496. 叔孙武叔毁仲尼

19.24 叔孙武叔毁仲尼。子贡曰："无以为也！仲尼不可毁也。他人之贤者，丘陵也，犹可逾也；仲尼，日月也，无得而逾焉。人虽欲自绝，其何伤于日月乎？多见其不知量也。"

【译文】

叔孙武叔毁谤仲尼。子贡说："不可以这样说！仲尼是毁谤不了的。一般人的贤德，像个小山坡，还可以跨过去。仲尼就像太阳和月亮，你都不知道从哪里跨越。一个人自找绝路，对于太阳和月亮，有什么损害呢？只能表示他太不自量罢了。"

497. 陈子禽谓子贡曰

19.25 <u>陈子禽</u>谓<u>子贡</u>曰:"子为恭也,<u>仲尼</u>岂贤于子乎?"

<u>子贡</u>曰:"君子一言以为知,一言以为不知,言不可不慎也。夫子之不可及也,犹天之不可阶而升也。夫子之得邦家者,所谓立之斯立,道之斯行,绥之斯来,动之斯和。其生也荣,其死也哀,如之何其可及也?"

【译文】

陈子禽对子贡说:"你也太谦虚了!仲尼怎么会比你强呢?"

子贡说:"君子说话不可以不谨慎,一句话可以表现有知,也可以表现出无知。我的老师是不可超越的,这就好像不可能用梯子爬到天上去。我老师如果能在一个国家施政,他会让每个人都遵行礼法,立足于社会;他会通过引导,让人民懂得规矩;他会用招抚,让远方的人民都来归服;他会做动员,鼓舞人民齐心协力。他活着,受人尊敬,死的时候,万人哀悼,他是可以超越的吗?"

【注释】

恭:谦逊有礼。

得邦家者:意为取得诸侯及卿大夫之位。

立之斯立:遵行礼法而安家立业。

道之斯行:引导他们走该走的路。道:同"导";斯行:所行,应该走的路。

绥之斯来：安顿百姓而使得四方前来投靠。绥：安抚，使之平安。

动之斯和：鼓舞人民齐心协力。动：鼓动，鼓舞。

尧曰第二十

共 3 句

498.尧曰：天之历数在尔躬

20.1 尧曰："咨！尔<u>舜</u>，天之历数在尔躬，允执厥中。四海困穷，天禄永终。"

<u>舜</u>亦以命<u>禹</u>。

曰："予小子<u>履</u>敢用玄牡，敢昭告于皇皇后帝：有罪不敢赦。帝臣不蔽，简在帝心。朕躬有罪，无以万方；万方有罪，罪在朕躬。"

<u>周</u>有大赍，善人是富。"虽有<u>周</u>亲，不如仁人。百姓有过，在予一人。"

谨权量，审法度，修废官，四方之政行焉。兴灭国，继绝世，举逸民，天下之民归心焉。

所重：民、食、丧、祭。

宽则得众，信则民任焉，敏则有功，公则说。

【译文】

尧说："啊！你，舜！上天的使命已经落在你身上，你要诚信地保持着中正之道。假如天下的百姓都陷于贫穷困苦，上天给你的禄位也就永远地终止了。"

舜也这样嘱咐禹。

汤说："小子我履谨用黑色牡牛作牺牲，正大光明公开禀告伟大的上天：如果我有过错，不敢自我赦免。我是你忠实的臣仆，善恶之行从不敢隐瞒，因为您都明白。我有罪过，不会迁怒四方百姓；百姓有罪，我一人承担。"

周天子大封诸侯,让贤德的人都得到富贵。他说:"我虽有周家至亲,还是不如有仁德的人。百姓若有过错,责任在我一人。"

严谨地制定度量衡,详细地审核法规制度,修立已被废弃的国家机关,天下的政令就可以通行了。复兴已被灭亡的国家,重续已经断绝的世系,举用隐藏躲避的贤人,天下百姓都会归顺服从。

国君所要重视的是:人民,粮食,丧礼,祭祀。

宽厚,就会获得群众的拥护;守信,就会得到人民的信任;勤勉,就会获得功绩;公平,就会让人心悦诚服。

【注释】

尔躬:你的身上。

允执厥中:保持不偏不倚的中正之道。允:诚信;执:保持;厥:其。

履:商汤名履。

玄牡:古代祭天地用的黑色公牛。

不蔽:不敢隐瞒。

简在帝心:为皇帝所知晓。简:辨别。

兴灭国:春秋是分封制,诸侯效忠于天子。一些诸侯国已灭亡,要找到这个国家的后人,扶助他起来复国。

继绝世:一些氏族已断绝,要想办法让他们存续。

举逸民:逸民,是指那些节行超逸、避世隐居的人,也指亡国后的遗老遗少。

说:同"悦"。

499. 子张问于孔子曰

20.2 子张问于孔子曰："何如斯可以从政矣？"

子曰："尊五美，屏四恶，斯可以从政矣。"

子张曰："何谓五美？"

子曰："君子惠而不费，劳而不怨，欲而不贪，泰而不骄，威而不猛。"

子张曰："何谓惠而不费？"

子曰："因民之所利而利之，斯不亦惠而不费？择可劳而劳之，又谁怨？欲仁而得仁，又焉贪？君子无众寡，无小大，无敢慢，斯不亦泰而不骄乎？君子正其衣冠，尊其瞻视，俨然人望而畏之，斯不亦威而不猛乎？"

子张曰："何谓四恶？"

子曰："不教而杀谓之虐；不戒视成谓之暴；慢令致期谓之贼；犹之与人也，出纳之吝谓之有司。"

【译文】

子张问孔子："怎样才可以从政施政呢？"

孔子说："尊尚五种美德，去掉四个恶行，就可以处理好政事了。"

子张问："什么是五种美德？"

孔子说："使民得利，但不自损；役使人民，而无怨言；纵有欲望，也不贪婪；安详舒泰，却不傲慢；威严庄重，但不凶狠。"

子张说："怎么说使民得利，又不自损？"

孔子说："让百姓去做对他们自己有利的事情，不就是使民得利又不破费吗？役使百姓避开农时，他们还会有怨恨吗？求得了正欲，贪欲还会有吗？君子对人，无论多少，势力大小，都不怠慢，这不就是庄重而不傲慢吗？君子衣冠齐整，目不斜视，俨然让人看见有所畏惧，不就是威严而不凶狠吗？"

子张问："什么是四种恶行呢？"

孔子说："不经教化便用杀戮，叫残害；不立法告诫随意定罪，叫粗暴；自己延误了命令却要求别人限时做到，叫害人；发放财物却故意刁难，叫刻薄。"

【注释】

因民之所利而利之：顺着百姓希望得到的利益，并让他们自己去做。简译为：让百姓去做对他们自己有利的事情。

欲仁而得仁，又焉贪：想得到的都得到了，还贪求什么。欲望有正欲和邪欲，道德欲望是正欲，贪婪欲望是邪欲。如果道德的欲望得到了满足，贪婪的欲望自然就没有。

不戒视成：不加告诫，看着他做坏事，然后给他定罪，恣意惩罚。

慢令致期：自己延误了命令，却要求别人限时到达。

出纳之吝谓之有司：发放财物时，不近人情，甚至刻薄，因为手中有权，故意刁难。有司：古代设官分职，各有专司，掌管分发财物的权力。

【顺义】

"不教而杀谓之虐"四句，很多注本都照文直译，不能体现孔子的原意。一定要对照此章的第一句"何如斯可以从政矣",讲的是对从政者的要求。那么这四句说的,都是施政者需要摈除的恶行。那么把"犹之与人也,出纳之吝谓之有司",译为"给人财物,出手吝啬,叫作小气",就不符合此章的文意了。

500. 不知命，无以为君子也

20.3 孔子曰："不知命，无以为君子也；不知礼，无以立也；不知言，无以知人也。"

【译文】

孔子说："不相信天命，就不能成为君子；不知道礼数，就不能立足于社会；不懂得辨析别人的语言，就不能知人善任。"